身近なテーマで伝える！

にほんご作文トレーニング

初中級（A2-B1）

Convey Your Ideas With Familiar Themes!
Japanese Composition Training: Beginner to Intermediate Level

仙台国際日本語学校・遠藤和彦・瀬戸稔彦 著

くろしお出版

はじめに

私たちは、Can-doベース（行動中心アプローチ）のコースを設計するにあたり、使用できそうな教材を探していました。しかし、初級後半から中級（A2-B1）にかけては、ちょうどいい作文教材が見当たりませんでした。ないなら、作るしかない！ この本はそんな現場の声から生まれたものです。

初級の作文教材は、モデル文もなくテーマのみが掲げられていることも多く、「どうやって書けばいいかわからない」という学習者も少なくありません。また、モデル文があっても、「自分の経験や考えと合わず、まったく参考にならない」あるいは逆に「丸写し」のような作文を目にすることも多々あります。一方、中級に入ると、（いきなり）アカデミックな文章を書くことを要求され、話し言葉と書き言葉の違いなどについて学びます。しかし、まだ自分自身や身の回りのことを日本語で伝えるトレーニングが十分にできていない学習者にとって、それは少々ハードルが高いように思えます。

私たちが考える**「作文力」とは**、単に文法にそって翻訳した言葉を並べる力ではありません。**頭の中で考えていることを整理して、相手に正確に伝わるように言語化する力**のことです。日本語の基礎を学び終えた段階（いわゆる初中級レベル）では、まずこの力をきたえることが大切なのだと考えました。

そこで、初級を終えるぐらいから使えて中級への橋渡しとなる、「初級で学んだ語彙や文型＋α（アルファ）」で無理なく書ける作文教材を作ろうと思ったのです。この本は自分自身や身の回りのことについて**①ある程度まとまりのある長い文章が書けるようになること、②ある程度豊かな表現を用いて内容がある文章が書けるようになること、③相手に伝わるわかりやすい文章が書けるようになること**を目標としています。

この本の特長は、以下の通りです。

・モデル文が複数ある！

アウトプットするためには、まずは十分な量のインプットが必要です。身近なテーマについて書かれた初級よりやや難しめのモデル文を1課につき2〜3つ用意しました。年齢・性別・背景の違うキャラクターによるバラエティーに富んだ文章を楽しみながら（ときには共感しながら）読めるように工夫されています。学習者は、複数のモデル文を読むことで、語彙や表現を増やし、作文の組み立て方を学べます。

・日本語で伝える技術が身につく！

課ごとに2つのポイントを設けています。一つは「相手に伝わるわかりやすい文章を書くためのポイント」、もう一つは「テーマにそって豊かな表現を用いて書くためのポイント」です。これらのポイントについて理解を深め、練習をこなすことで、日本語で伝える技術がレベルアップしていきます。

・Can-doを各課に設定！

すべての課の最初に課の目標（Can-do）を掲げています。そして作文を書いた後に、その課のCan-doが達成できたかどうか自分でチェックできるようにしています。具体的な目標に向かい、ステップを踏んで学習していくことで、自分の「書く」能力を客観的に評価でき、自信がつきます。
（この本の最後に、課の目標（Can-do）と参照した「日本語教育の参照枠」「JF日本語教育スタンダード」の整番をまとめて載せています。この本を使用する際の参考にしてください。）

この本が、多くの現場で役立つことを願っています。

2024年7月
著者一同

もくじ

はじめに …… 2
この本の使い方 …… 5
登場人物 …… 10

1課　食事 …… 11
2課　健康 …… 17
3課　○年後の自分 …… 23
● Challenge! ① SNSに投稿する …… 29

4課　休みの日の思い出 …… 31
5課　もし動物になるなら …… 37
6課　苦手なもの・こと …… 43
● Challenge! ② メッセージに返信する …… 49

7課　仕事 …… 51
8課　料理のレシピ …… 57
9課　自分の名前 …… 63
● Challenge! ③ あいづちを打つ …… 69

10課　尊敬する人 …… 71
11課　おすすめ …… 77
12課　好きな映画・アニメ・ドラマ …… 83
● Challenge! ④ メッセージに返信する …… 89

13課　悩み相談 …… 91
14課　日本で驚いたこと …… 97
15課　お礼の手紙・メール …… 103
● Challenge! ⑤ SNSに投稿する …… 109

学習内容一覧 …… 112

別冊（練習問題の答え）

この本の使い方

1ページ目

Can-do

この課でできるようになること（目標）が書かれています。

1課 食事

1課

Can-do

☐ 毎日の食事や食生活について、知っている言葉を使って説明することができる。

Can describe daily meals and eating habits using words you know.

STEP 1

I. どんな料理ですか。いつ食べる料理だと思いますか。

a b c

d e f

STEP 1 − 1

課のテーマに関係した質問があります。絵や表を見ながら、考えてみましょう。そして、ほかの人と話してみましょう。

2～3ページ目

STEP 1－II

課のテーマにそったモデル文です。どんな内容をどのように書いているか、まずは読んでみましょう。
モデル文には音声が付いています。一度読んでから、音声も聞いてみましょう（音声はウェブサイトにあります）。
難しい言葉は、下に抜き出してあります。わからない言葉があったら調べましょう。

II．モデル文を読みましょう。

❶ 

マット（オーストラリア出身、日本語学校の学生） L1-1

朝ご飯は、たいていパンと牛乳です。パンにバターとジャムをぬって食べます。時間があるときは、サラダや目玉焼きを作ります。
昼ご飯は、ハンバーガーなどファストフードの店で食べます。たまに牛丼屋やラーメン屋に行くこともあります。
晩ご飯は、自分で作ります。料理はあまり上手ではありません。でも、インターネットで調べて、いろいろな料理を作っています。この間、友だちを呼んで、みんなでギョーザを作りました。とてもおいしかったです。

□目玉焼き □ファストフード □牛丼 □ギョーザ

…惣菜 □たまに □休日 □外食する

Point ①

文が長くて意味がわかりにくい場合は、次のように2つの文に分けるといいです。

If the sentence is too long and the meaning is difficult to understand, you can divide it into two sentences as follows.

①全部並べない Do not list everything in a single sentence.

・朝は、毎日ご飯とみそ汁と卵と納豆を食べます。
→ 朝は、毎日ご飯とみそ汁を食べます。卵や納豆もよく食べます。

②だれが何をしたか、はっきりわかるように Be sure to make clear who did what.

・昼ご飯は、会社で同僚と妻が作ったお弁当を食べます。
→ 昼ご飯は、たいてい会社で同僚とお弁当を食べます。お弁当は妻が作ってくれます。

練習 次の文を2つに分けましょう。

1) 毎朝、パンと卵とサラダとヨーグルトを食べます。
→

2) 休みの日のお昼は、父が作ってくれたラーメンを食べます。
→

13

Point ①

自分が伝えたいことを相手に正確に伝えるために気をつけたいPoint が書いてあります。
練習もやってみましょう。

4ページ目

Point ②

今気をつけていることや、これから気をつけたいことを表すとき、次のような表現を使います。

The following expressions are used to express things you are currently being careful about or will be careful about in the future.

・（いつも／できるだけ）［Vる／Vない］ようにしています

・（これから）［Vる／Vない］ようにします／ようにしたいです

　［V~~ます~~］たいと思います

　［Vよう］と思っています

Point ②

課のテーマにそった作文を書くのに役に立つ表現・文型を紹介しています。作文を書く際に使ってみましょう。

N	名詞	先生、相談、お礼
イA	い形容詞	高い、おいしい、辛い
ナA	な形容詞	好き、苦手、すてき
V~~ます~~	動詞のます形	のみ~~ます~~、み~~ます~~、し~~ます~~、き~~ます~~
Vる	動詞の辞書形	のむ、みる、する、くる
Vない	動詞のない形	のまない、みない、しない、こない
Vた	動詞のた形	のんだ、みた、した、きた
Vて	動詞のて形	のんで、みて、して、きて
Vよう	動詞の意向形	のもう、みよう、しよう、こよう

練習1　音声を聞いて、書きましょう。　L1-4

1）朝ご飯は、＿＿＿＿＿＿パンと牛乳です。

2）＿＿＿＿＿＿牛丼屋やラーメン屋に＿＿＿＿＿＿こともあります。

3）＿＿＿＿＿＿私や弟が食べすぎて、父の分のご飯がなくなってしまう＿＿＿＿＿＿。

4）昼は、＿＿＿＿＿＿職場の同僚とランチを食べに出かけます。

練習2　「いつも」「たいてい」「ときどき」「たまに」などに気をつけて、文を作りましょう。

例）朝は、たいていご飯とみそ汁ですが、ときどきパンを食べることもあります。

1）朝ご飯のとき、たいていコーヒーを飲みますが、

　たまに＿＿＿＿＿＿＿＿＿＿こともあります。

2）昼ご飯は、＿＿＿＿＿＿＿＿＿＿＿＿＿＿＿＿＿＿＿＿が、

　ときどき＿＿＿＿＿＿＿＿＿＿＿＿＿＿＿＿＿＿＿＿。

3）夜は、たいてい＿＿＿＿＿＿＿＿＿＿＿＿＿＿＿＿＿＿＿＿が、

　忙しいときは、＿＿＿＿＿＿＿＿＿＿＿＿＿＿＿＿＿＿＿＿。

練習1

Point ②で紹介した表現・文型がモデル文の中でどのように使われているか確認しましょう。

音声を聞いて、下線部を書いてみましょう（音声はウェブサイトにあります）。

…を食べに出かけます。

練習 2　「いつも」「たいてい」「ときどき」「たまに」などに気をつけて、文を作りましょう。

例）朝は、たいていご飯とみそ汁ですが、ときどきパンを食べることもあります。

1）朝ご飯のとき、たいていコーヒーを飲みますが、
　たまに＿＿＿＿＿＿＿＿＿＿＿＿ こともあります。

2）昼ご飯は、＿＿＿＿＿＿＿＿＿＿＿＿＿＿＿＿＿＿＿＿ が、
　ときどき＿＿＿＿＿＿＿＿＿＿＿＿＿＿＿＿＿＿＿＿。

3）夜は、たいてい＿＿＿＿＿＿＿＿＿＿＿＿＿＿＿＿＿ が、
　忙しいときは、＿＿＿＿＿＿＿＿＿＿＿＿＿＿＿＿＿＿。

練習 2

Point ②で紹介した表現・文型の練習問題です。作文を書くときに使えるように、練習してみましょう。

5ページ目

STEP 2

1課

I. 自分のことを書きましょう。
あなたはいつも、どこで、だれと、どんなものを食べていますか。

	何時ごろ	どこで	だれと	何を食べる？
朝食	例）7時	部屋で	一人で	パンと牛乳
昼食				
夕食				

＋α　休みの日や朝時間がないとき、夜遅く帰ってきたときは、どうしていますか。

II.「食事」について、モデル文を参考に 250 字程度で書きましょう。

作文用紙 DL

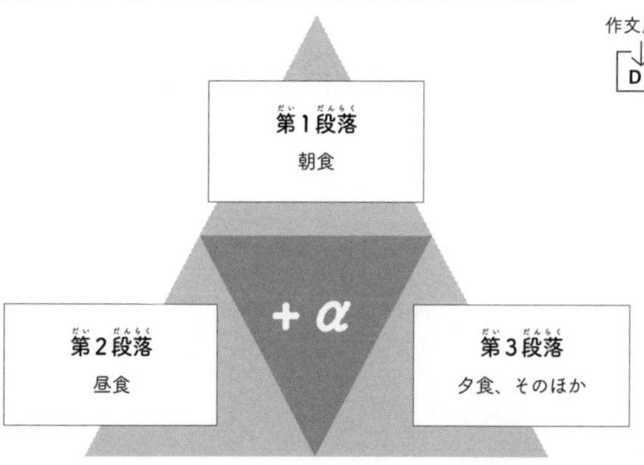

STEP 2 − I

作文を書く前に、書く内容を整理しましょう。質問に答えながら、頭の中にあることを表に書き出してみましょう。

STEP 2 − II

課のテーマにそって、作文を書いてみましょう。
それぞれの段落に書く内容について、ヒントがあります。Point ①②にも気をつけて、作文を書いてみましょう。（作文用紙はウェブサイトからダウンロードできます）。

6ページ目

STEP 3

チェックしましょう。
1～5に○をつけてください。

できなかった 1　2　できた 3　4　よくできた 5

① 毎日の食事について少しくわしく書くことができた。 1 2 3 4 5
I was able to write about daily meals in some detail.

② 1つの文の長さに気をつけて、書くことができた。 1 2 3 4 5
I was able to write while being mindful of the length of each sentence.

③「いつも」「ときどき」などを使って、書くことができた。 1 2 3 4 5
I was able to write using words like いつも and ときどき.

❗ 時間があったら、作文を読み合ったり、発表したりしてみましょう。
ほかの人の作文のいいところ、おもしろいところ、質問などを書いてみましょう。

STEP 3
作文を書き終わったら、下の項目についてできたかどうか、自分でチェックしてみましょう。数字に○を付けてください。

❗ 時間があったら、作文を読み合ったり、発表したりしてみましょう。

ウェブサイトにあるもの
https://www.9640.jp/books_982/
・音声（モデル文／Point ② 練習1）　・作文用紙

授業の進め方の例：1つの課を90分で進める場合

〈読み合い/発表なし〉

10分	5分	30分	10分	30分	5分
前回のFB	Can-do確認 STEP 1 - I (ウォームアップ)	STEP 1 - II (モデル文, Point ①②)	STEP 2 - I (準備メモ)	STEP 2 - II (作文を書く)	STEP 3 (評価)

1課はこの本の使い方、登場人物の確認など

〈読み合い/発表あり〉

20分	5分	30分	10分	25分
前回のFB 読み合い/発表	Can-do確認 STEP 1 - I (ウォームアップ)	STEP 1 - II (モデル文, Point ①②)	STEP 2 - I (準備メモ)	STEP 2 - II (作文を書く)

作文が書き終わらない場合、作文やSTEP 3（評価）は宿題にする

登場人物

優奈

日本人
高校生

マット

オーストラリア出身
日本語学校の学生

翔太

日本人
大学生

中田

日本人
コンビニの店長

ホア

ベトナム出身
大学生

美咲

日本人
会社員

パク

韓国出身
主婦

サントス

ネパール出身
会社員

マリオ

イタリア出身
シェフ

1課 食事

Can-do

☐ 毎日の食事や食生活について、知っている言葉を使って説明することができる。

Can describe daily meals and eating habits using words you know.

STEP 1

I. どんな料理ですか。いつ食べる料理だと思いますか。

a

b

c

d

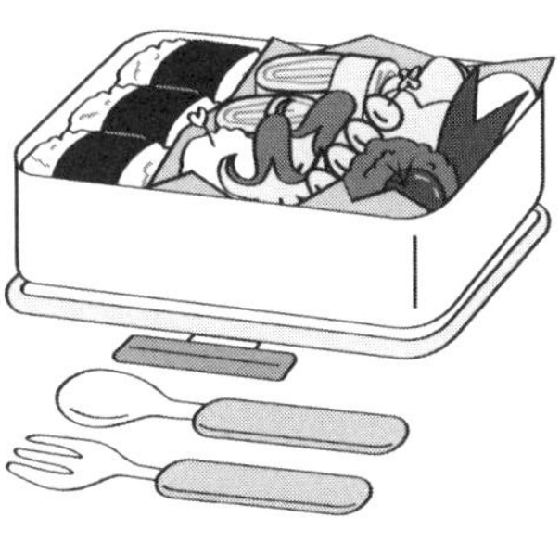

e

f

Ⅱ. モデル文を読みましょう。

1

マット（オーストラリア出身、日本語学校の学生）

🔊 L1-1

朝ご飯は、たいていパンと牛乳です。パンにバターとジャムをぬって食べます。時間があるときは、サラダや目玉焼きを作ります。

昼ご飯は、ハンバーガーなどファストフードの店で食べます。たまに牛丼屋やラーメン屋に行くこともあります。

晩ご飯は、自分で作ります。料理はあまり上手ではありません。でも、インターネットで調べて、いろいろな料理を作っています。この間、友だちを呼んで、みんなでギョーザを作りました。とてもおいしかったです。

□目玉焼き　□ファストフード　□牛丼　□ギョーザ

2

優奈（日本人、高校生）

🔊 L1-2

朝食は、家族みんなで食べます。いつもご飯とみそ汁です。サラダや果物もよく食べます。

昼食は、学校でお弁当を食べます。お弁当は母が作ってくれます。好きなおかずは卵焼きです。友だちとおしゃべりしながら食べるのはとても楽しいです。ときどき、帰りに友だちとドーナツなど甘いものを食べに行きます。

夕食は、たいてい母と弟と３人で食べます。父は仕事で遅くなることが多いからです。たまに私や弟が食べすぎて、父の分のご飯がなくなってしまうことがあります。

□卵焼き　□おしゃべりする　□ドーナツ　□～の分

3

美咲（日本人、会社員）

L1-3

私は一人暮らしで、早起きが苦手です。だから、朝食は食べないことが多いです。

昼は、よく職場の同僚とランチを食べに出かけます。職場の近くには、おいしくて、きれいなお店がたくさんあります。毎日、どのお店のランチにするか楽しみです。

夜は、できるだけ自分で作るようにしていますが、仕事で遅くなったときは、スーパーやコンビニでお惣菜を買って帰ります。一人で食べていると、たまにさびしくなります。でも、休日は、よく友だちや彼と外食して楽しんでいます。

□一人暮らし　□早起き　□職場　□同僚　□お惣菜　□たまに　□休日　□外食する

Point ①

文が長くて意味がわかりにくい場合は、次のように2つの文に分けるといいです。

If the sentence is too long and the meaning is difficult to understand, you can divide it into two sentences as follows.

①全部並べない　Do not list everything in a single sentence.

・朝は、毎日ご飯とみそ汁と卵と納豆を食べます。

→　朝は、毎日ご飯とみそ汁を食べます。卵や納豆もよく食べます。

②だれが何をしたか、はっきりわかるように　Be sure to make clear who did what.

・昼ご飯は、会社で同僚と妻が作ったお弁当を食べます。

→　昼ご飯は、たいてい会社で同僚とお弁当を食べます。お弁当は妻が作ってくれます。

練習　次の文を2つに分けましょう。

1）毎朝、パンと卵とサラダとヨーグルトを食べます。

→

2）休みの日のお昼は、父が作ってくれたラーメンを食べます。

→

Point ②

習慣について書くとき、「いつも」「よく」「たいてい」「ときどき」「たまに」などの言葉を使うと、わかりやすくなります。「ときどき」「たまに」は次のような表現と一緒に使うことが多いです。

When writing about things you do all the time, using words such as いつも, よく, たいてい, ときどき, and たまに can make things clearer. ときどき and たまに are often used with the following expressions.

・[V る] ことがあります／こともあります

練習 1 音声を聞いて、書きましょう。 L1-4

1) 朝ご飯は、＿＿＿＿＿パンと牛乳です。

2) ＿＿＿＿＿牛丼屋やラーメン屋に＿＿＿＿＿こともあります。

3) ＿＿＿＿＿私や弟が食べすぎて、父の分のご飯がなくなってしまう＿＿＿＿＿。

4) 昼は、＿＿＿＿＿職場の同僚とランチを食べに出かけます。

練習 2 「いつも」「たいてい」「ときどき」「たまに」などに気をつけて、文を作りましょう。

例) 朝は、たいていご飯とみそ汁ですが、ときどきパンを食べることもあります。

1) 朝ご飯のとき、たいていコーヒーを飲みますが、

たまに＿＿＿＿＿＿＿＿こともあります。

2) 昼ご飯は、＿＿＿＿＿＿＿＿＿＿＿＿＿＿が、

ときどき＿＿＿＿＿＿＿＿＿＿＿＿＿＿。

3) 夜は、たいてい＿＿＿＿＿＿＿＿＿＿＿＿＿＿が、

忙しいときは、＿＿＿＿＿＿＿＿＿＿＿＿＿＿。

STEP 2

Ⅰ. 自分のことを書きましょう。

あなたはいつも、どこで、だれと、どんなものを食べていますか。

	何時ごろ	どこで	だれと	何を食べる？
朝食	例(れい)） 7時	部屋(へや)で	一人で	パンと牛乳(ぎゅうにゅう)
昼食				
夕食				

＋α　休みの日や朝時間がないとき、夜遅(おそ)く帰ってきたときは、どうしていますか。

Ⅱ. 「食事」について、モデル文を参考(さんこう)に 250 字程度(ていど)で書きましょう。

作文用紙 DL

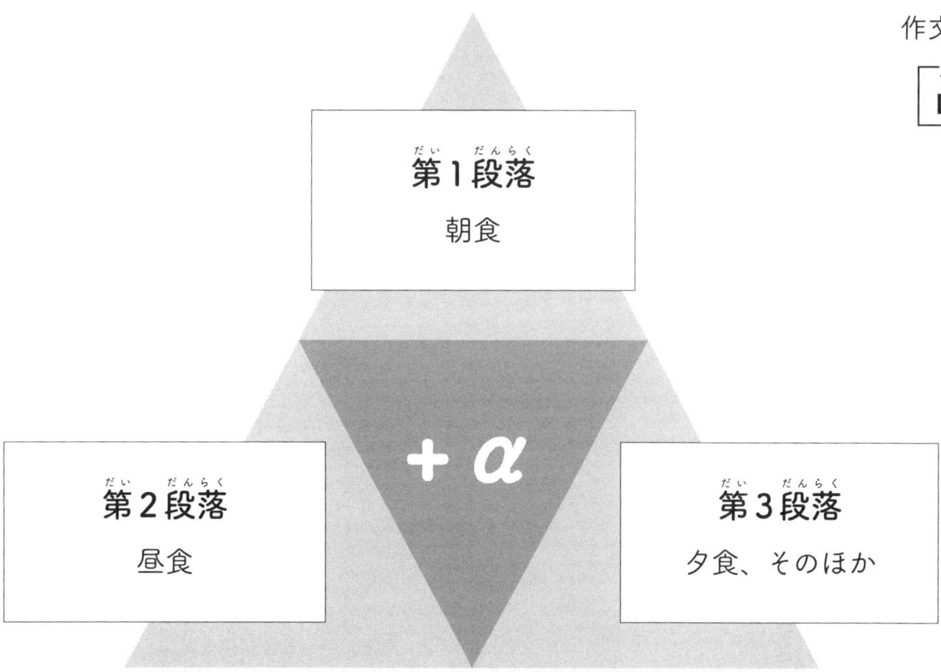

STEP 3

チェックしましょう。
1～5に○をつけてください。

できなかった　1　2　できた 3　4　よくできた 5

① 毎日の食事について少しくわしく書くことができた。　1 2 3 4 5
I was able to write about daily meals in some detail.

② 1つの文の長さに気をつけて、書くことができた。　1 2 3 4 5
I was able to write while being mindful of the length of each sentence.

③「いつも」「ときどき」などを使って、書くことができた。　1 2 3 4 5
I was able to write using words like いつも and ときどき.

！ 時間があったら、作文を読み合(あ)ったり、発表(はっぴょう)したりしてみましょう。
ほかの人の作文のいいところ、おもしろいところ、質問などを書いてみましょう。

2課　健康

Can-do

☐ 自分の生活習慣や健康について、くり返しを避けて書くことができる。

Can write about your lifestyle and health while avoiding repetition.

STEP 1

I. あなたは「健康」に気をつけて生活をしていますか。
下のアンケートに答えてください。

健康に関するアンケート

1）タバコを吸いますか。→　（　吸う［1日に＿＿本ぐらい］・吸わない　）

2）お酒を飲みますか。→　（　よく飲む・ときどき飲む・飲まない　）

3）30分以上の運動をしますか。→（　毎日する・ときどきする・しない　）

4）甘いものを食べますか。→　（　よく食べる・ときどき食べる・食べない　）

5）毎日何時間寝ていますか。→　（　＿＿＿時間　）

Ⅱ. モデル文を読みましょう。

1

マット（オーストラリア出身、日本語学校の学生）

🔈 L2-1

私は運動が好きなので、ジムに通っています。まず1時間ぐらいいろいろな道具を使ってトレーニングをします。それから、プールで30分ぐらい泳ぎます。体を動かすと、夜ぐっすり眠れます。

食べ物にはあまり気をつけていません。ファストフードも好きだし、ラーメンもよく食べます。でも、最近太ってきたので、そういうものはあまり食べないようにしています。

健康なので、ほとんど病院には行ったことがありませんが、先週、眼科に行きました。日本に来てから、目が悪くなりました。メガネはかけたくないので、これからは夜ゲームをしたり、映画を見たりしないで、早く寝るようにしたいです。

□ジム　□トレーニング　□ぐっすり　□眼科

2

パク（韓国出身、主婦）

🔈 L2-2

私は家の前の畑で野菜を作っています。畑仕事はいい運動になります。とれた野菜は、家族や近所の人に分けてあげます。作るのは大変ですが、みんなに喜んでもらえてうれしいです。

食事は、できるだけ肉や魚を食べるようにしています。夫と二人暮らしですから、料理を作るのが面倒なときもあります。そういうときは、近所のスーパーでお惣菜を買ってきます。

今は元気ですが、1年に1回、悪いところがないか病院で診てもらうようにしています。このまま健康で100歳まで長生きしたいです。

□分けてあげる　□二人暮らし　□面倒　□お惣菜　□（病院で）診る　□長生きする

3

中田（日本人、コンビニの店長）

L2-3

私は若いとき空手をしていたから、体力には自信があります。でも、コンビニの仕事は立ち仕事なので、ときどき腰が痛くなります。それに、シフトでいろいろな時間に働くので、寝不足の日もあります。そんなときは、栄養ドリンクを飲んでいます。

食事は妻が作ってくれます。栄養のバランスもいいと思います。タバコは吸いますが、娘が生まれてからは家では吸わないようにしています。でも、お酒は好きで、ほとんど毎日飲みます。たまに飲みすぎて、次の日に調子が悪くなるので、気をつけようと思っています。

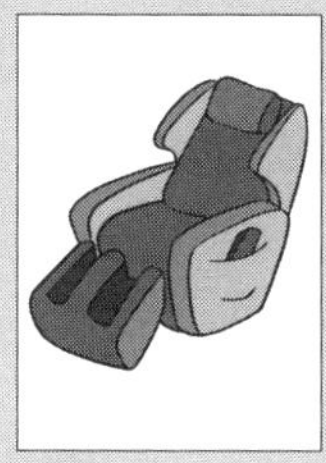

休みの日は、よく近くの温泉に行きます。温泉に入ると、体の疲れが取れて、元気になります。それから、そこにはマッサージ器があるので、腰が痛いときよく利用します。安いし、これからも通いたいと思います。

□空手　□体力　□自信がある　□立ち仕事　□腰　□シフト　□寝不足　□栄養ドリンク
□栄養のバランス　□疲れが取れる　□マッサージ器

Point ①

前に出た同じ言葉は、指示語（「その～」「そんな」など）に置きかえます。

In instances where the same word has been used before, it is replaced by an indicative (その～ , そんな , etc.).

・先週、私が働いているコンビニに新しいアルバイトの人が入りました。
~~新しいアルバイトの人~~は私と同じ大学の学生でした。
その人

・体調が悪いと、料理を作るのが大変です。~~体調が悪い~~ときは、冷凍食品を電子レンジで温めて食べます。
そういう／そんな

練習 モデル文をもう一度読んで、次の質問に答えましょう。

1）マットさんは、最近、どんなものを食べないようにしていますか。

2）パクさんは、どんなとき、お惣菜を買ってきますか。

3）中田さんが栄養ドリンクを飲むのは、どんなときですか。

Point ②

今気をつけていることや、これから気をつけたいことを表すとき、次のような表現を使います。

The following expressions are used to express things you are currently being careful about or will be careful about in the future.

・(いつも／できるだけ)［Vる／Vない］ようにしています

・(これから)［Vる／Vない］ようにします／ようにしたいです

［V~~ます~~］たいと思います

［Vよう］と思っています

練習 1 音声を聞いて、書きましょう。 L2-4

1) これからは、夜ゲームをしたり、映画を見たりしないで、＿＿＿＿＿＿＿＿ようにしたいです。

2) 食事は、できるだけ肉や魚を＿＿＿＿＿＿＿＿＿＿＿＿しています。

3) タバコは吸いますが、娘が生まれてからは家では＿＿＿＿＿＿＿＿＿＿＿＿＿＿＿＿＿＿＿＿。

練習 2 気をつけていること、気をつけたいことを表す表現を使って、＿＿＿＿＿＿＿の言葉を言いかえましょう。

＜(いつも／できるだけ) ～ようにしています＞

例) 寝坊しても、朝ご飯は必ず(食べます→) 食べるようにしています 。

1) 夜の9時を過ぎたら、(食べません→)＿＿＿＿＿＿＿＿＿＿＿＿＿＿＿＿＿＿＿＿＿＿。

2) できるだけ自分で料理を(作ります→)＿＿＿＿＿＿＿＿＿＿＿＿＿＿＿＿＿＿＿＿＿。

＜(これから) ～ようにします／ようにしたいです／ようと思っています＞

3) 最近運動不足なので、明日から(ジョギングします→)＿＿＿＿＿＿＿＿＿＿＿＿＿＿＿＿＿＿＿。

4) これからは、コーヒーに砂糖を(入れません→)＿＿＿＿＿＿＿＿＿＿＿＿＿＿＿＿＿＿＿。

STEP 2

Ⅰ. 自分のことを書きましょう。

健康でいるために、あなたが気をつけていることは何ですか。これからどんなことに気をつけたいですか。

運動	食べ物	ほかに気をつけていること・これから気をつけたいこと
例）ジムに通っている	ファストフードやラーメンを食べない	夜、ゲームをしない

＋α　今のあなたの健康状態はどうですか。（例：目が疲れる、夜眠れないなど）

Ⅱ. 「健康」について、モデル文を参考に250字程度で書きましょう。

作文用紙 DL

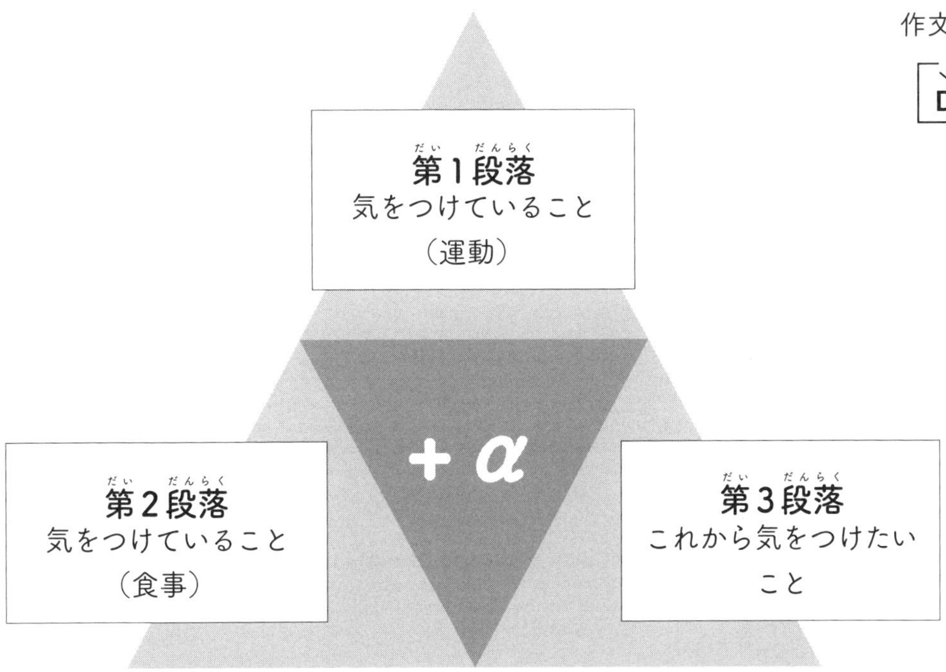

STEP 3

チェックしましょう。
1～5に○をつけてください。

できなかった　できた　よくできた
1　2　3　4　5

① 生活習慣(せいかつしゅうかん)や健康(けんこう)についてわかりやすく書くことができた。　1　2　3　4　5
I was able to write about my lifestyle and health in an easy-to-understand manner.

② 今気をつけていること、これから気をつけたいことを表(あらわ)す表現(ひょうげん)に気をつけて書くことができた。　1　2　3　4　5
I was able to write about things I am currently being careful about or will be careful about in the future, while being careful of the expressions I use.

③「この」「その」「あの」などを使って、同じ言葉(ことば)をくり返(かえ)さずに書くことができた。　1　2　3　4　5
I was able to write without repeating the same words by using words like この, その and あの.

! 時間があったら、作文を読み合(あ)ったり、発表(はっぴょう)したりしてみましょう。
ほかの人の作文のいいところ、おもしろいところ、質問などを書いてみましょう。

3課　〇年後の自分

Can-do

☐ 現在と未来の自分の状況を述べ、その未来に向けて今からできることを書くことができる。

Can describe your present and future situation and write about what you can do now moving toward that future.

STEP 1

I. 10年後どうなっていると思いますか。

a

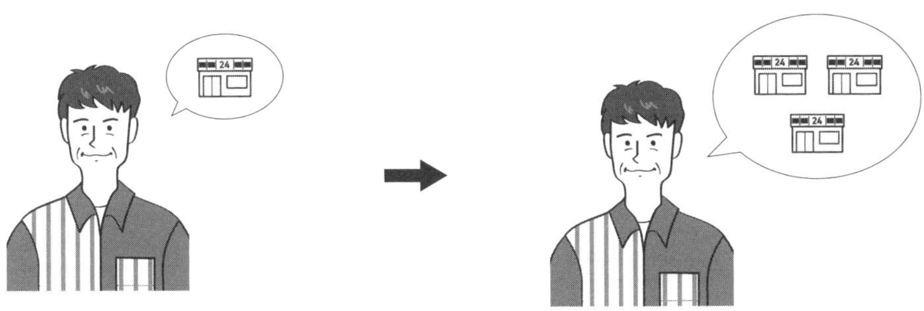

b

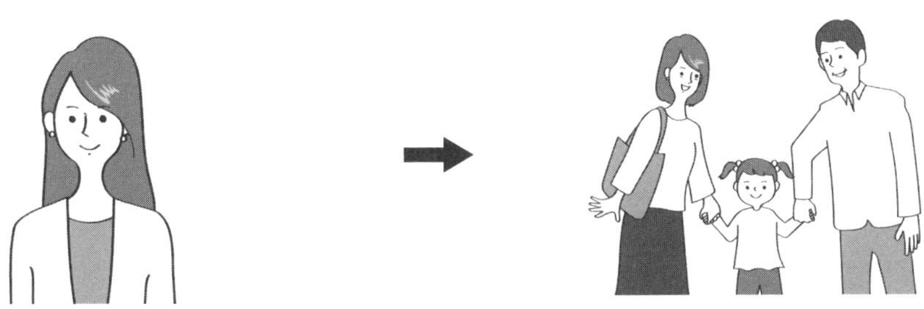

c

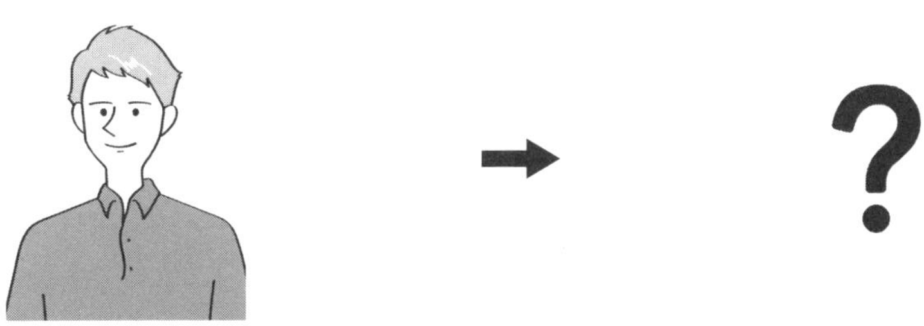

Ⅱ．モデル文を読みましょう。

1

マット（オーストラリア出身、日本語学校の学生）　30年後

🔊 L3-1

私は日本での生活が気に入っているので、しばらく日本で暮らすつもりです。でも、日本語学校を卒業した後どうするか、まだ決めていません。

30 年後は結婚していて、子どももいると思います。仕事も大事ですが、家族や趣味を大切にして過ごしたいです。家は海の近くに建てようと思っています。毎日、泳いだり、サーフィンができたら最高です。

今は自分の世界を広げるために、いろいろなことにチャレンジしています。そして、いつか自分が本当にやりたいことを見つけたいです。

□気に入る　□サーフィン　□最高　□広げる　□チャレンジする　□やりたいこと

2

翔太（日本人、大学生）　10年後

🔊 L3-2

私の父は日本人で、母は中国人なので、家では日本語も中国語も使います。それから、子どものころはシンガポールに住んでいたので、英語もできます。

10 年後は、きっとこの語学力を生かした仕事をしているはずです。たぶん海外へ行くことも多いと思います。今のように友だちと遊んだりする時間がなくなるかもしれません。でも、どんなに忙しくても、友だちとはときどき会うようにしたいです。そして、今付き合っている彼女とも、10 年後も一緒にいられたら幸せです。

先月からマレー語の勉強も始めました。将来いい会社に入れるように、今のうちから準備しておくつもりです。

□語学力　□生かす　□付き合う　□マレー語

3 美咲（日本人、会社員）　5年後

L3-3

私は、ホテルで働き始めて、８年目になります。毎日忙しいですが、いろいろな経験ができておもしろいです。最近、大きいプロジェクトのリーダーを任されて、さらにやりがいを感じています。これからもこの仕事を続けたいと思っています。

ただ、５年後は今のように一人暮らしではないかもしれません。というのは、先月、付き合っている彼にプロポーズされたからです。きっと５年後は二人で暮らしているはずです。もしかしたら、子どももいるかもしれません。

将来、家族が増えたり、家を建てたりすると、たくさんお金がかかります。だから、新しい家族のために、今からできるだけ貯金しておこうと思います。

□プロジェクト　□リーダー　□任される　□やりがい　□一人暮らし　□プロポーズされる

Point ①

書かなくてもわかる言葉は、省略することができます。

Words that do not need to be written can be omitted.

・私の夢はパティシエになることです。今、（私は）製菓学校で勉強しています。（製菓学校を）卒業したら、フランスへ料理の勉強に行くつもりです。

→　私の夢はパティシエになることです。今、製菓学校で勉強しています。卒業したら、フランスへ料理の勉強に行くつもりです。

練習　次の文を読んで、質問に答えましょう。

最近、新しい友だちができました。同じ大学の学生です。彼も映画が好きなので、先週一緒に映画を見に行きました。思っていたより、おもしろくなかったです。

1）だれとだれが同じ大学の学生ですか。

2）だれと一緒に映画を見に行きましたか。

3）何がおもしろくなかったですか。

Point ②

これからの目標や予定・希望について書くとき、次のような表現を使います。

The following expressions are used when writing about future goals, plans and hopes.

・[Vる／Nの] ために、
・[Vる／Vない] ように、

＋

・[Vる／Vない] つもりです
・[Vよう] と思います
・[V~~ます~~] たいです

練習1 音声を聞いて、書きましょう。　L3-4

1) 今は自分の世界を＿＿＿＿＿＿ために、いろいろなことにチャレンジしています。

2) 将来いい会社に＿＿＿＿＿＿ように、今のうちから準備しておく＿＿＿＿＿＿。

3) ＿＿＿＿＿＿＿＿＿＿ために、今からできるだけ＿＿＿＿＿＿＿＿＿＿と思います。

練習2 これからの目標や希望を表す表現を使って、文を作りましょう。

例) 自分の夢を叶える ために、がんばりたいです。

1) ＿＿＿＿＿＿＿＿＿＿＿＿＿＿ために、働いています。

2) ＿＿＿＿＿＿＿＿＿＿＿＿＿＿ように、一生懸命勉強しています。

3) 年を取ってから困らないように、＿＿＿＿＿＿＿＿＿＿＿＿＿＿＿＿つもりです。

4) 将来のために、＿＿＿＿＿＿＿＿＿＿＿＿＿＿＿＿＿＿＿＿＿＿＿＿＿＿。

STEP 2

Ⅰ. 自分のことを書きましょう。
あなたの将来はどうなっていると思いますか。

	今	5年後	10年後	30年後
仕事や学校	例）日本語学校	日本で就職	?	国でフリーランスの仕事
プライベート				

＋α　将来のために、今していること、これからしようと思っていることは何ですか。

Ⅱ. 「○年後の自分」について、モデル文を参考に250字程度で書きましょう。

作文用紙
DL

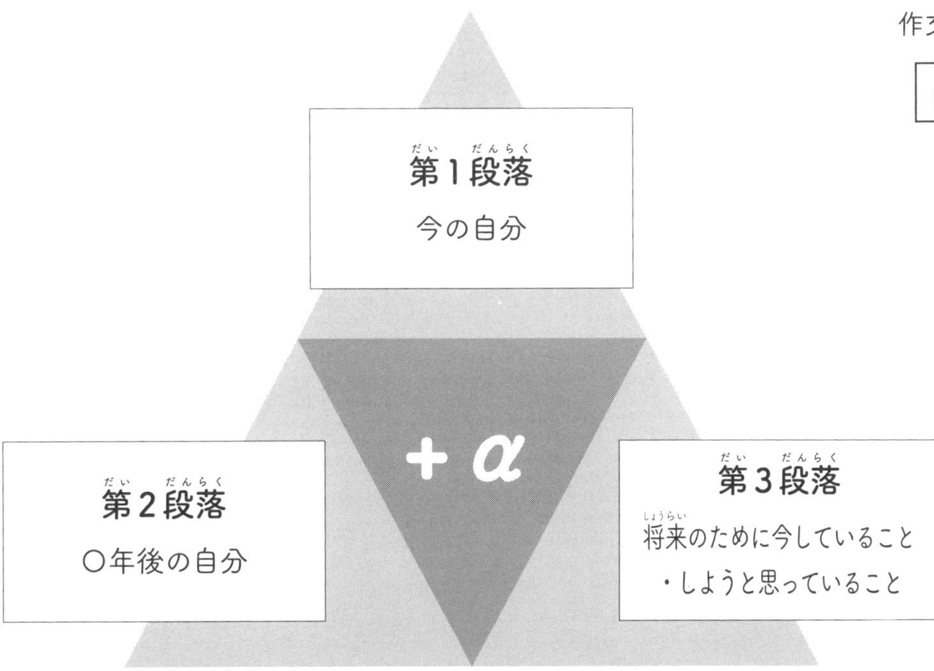

STEP 3

チェックしましょう。
1～5に○をつけてください。

できなかった		できた		よくできた
1	2	3	4	5

① 自分の現在の状況を簡単に書くことができた。 1 2 3 4 5

I was able to write about my current situation in a simple manner.

② 目標や予定・希望を表す表現に気をつけて、自分の将来についての希望を簡単に書くことができた。 1 2 3 4 5

I was able to write about my hopes for the future, being mindful of expressions that convey goals and aspirations in a simple manner.

③ 言葉を省略して、わかりやすく書くことができた。 1 2 3 4 5

I was able to write in an easy-to-understand manner by omitting words.

! 時間があったら、作文を読み合ったり、発表したりしてみましょう。
ほかの人の作文のいいところ、おもしろいところ、質問などを書いてみましょう。

Challenge! ①

マットさんは、初めて食べた日本食がおいしかったので、SNSに投稿しました。

マット

日曜日、ひがし公園の日本食イベントに友だち2人と行ってきた。天気がよくて、すごい人だった！ 天ぷら、ラーメン、うどんとか、いろいろな日本食の店が出ていて、何を食べるか悩んだ～。
ぼくはお好み焼き、友だちは焼き鳥を買って食べたよ。お好み焼きは初めて食べたけど、とてもおいしかった！！　焼き鳥も友だちに1本もらっちゃった😊
#日本食 #イベント

Yunayuna　1時間前
お好み焼き、おいしそ～。私も好きです。

Mario_Japan　2時間前
鯛焼きもおすすめ！

SNSに投稿してみましょう。
できれば写真も準備しましょう。

最近、どんな日本食を食べましたか。
どこでだれと食べましたか。

#日本食 #イベント

実際に投稿や
コメントを
してみよう！

4課　休みの日の思い出

Can-do

□ 夏休みなど長い休みの期間に自分が経験したことを、感想を交えて書くことができる。

Can write about your experiences during extended vacations like summer vacation while adding in your own thoughts.

STEP 1

I. 次のような経験をしたことがありますか。どうでしたか。これからしてみたいことはありますか。

a

b

c

d

e

f

Ⅱ. モデル文を読みましょう。

1

マット（オーストラリア出身、日本語学校の学生）

L4-1

冬休みは、山形へスキーに行きました。スキー場はとても大きかったです。いろいろなコースがあって、雪もたくさんありました。私はスキーが大好きなので、とても楽しかったです。

そのとき、泊まった旅館には温泉がありました。温泉は初めてだったので、少し恥ずかしかったですが、気持ちよかったです。

それから、お正月はクラスのみんなと神社へ初詣に行きました。そのあと、私のうちでパーティーをしました。みんな自分の国の料理を作って持って来てくれました。どれもおいしくて、つい食べすぎてしまいました。

□初詣　□つい

2

優奈（日本人、高校生）

L4-2

夏休みは1か月ありましたが、勉強ばかりしていました。宿題もたくさんあったし、塾にも行かなければならなかったし、大変でした。

でも、楽しいこともありました。友だちと浴衣を着て、花火大会に行きました。人が大勢いて、疲れましたが、いい思い出になりました。

それから、初めてアルバイトをしました。夏祭りのとき、かき氷の店を手伝いました。暑くて大変でしたが、お客さんに「おいしい！」と言ってもらえて、うれしかったです。今度、初めてもらったバイト代で両親に何か買ってあげようと思います。

□塾　□浴衣　□かき氷

3

中田（日本人、コンビニの店長）

🔊 L4-3

今年のゴールデンウィークは、毎日仕事でした。アルバイトの学生たちはみんな休みを取りましたが、私は店長だから休めませんでした。

でも、ゴールデンウィークの後、二日間休みを取りました。本当はうちでゆっくりしたかったのですが、家族がどこか行きたいと言うので、遊園地に行きました。長い時間運転して、とてもくたびれました。

次の日は、昼まで寝て、午後から近くの川で釣りをしました。おもしろいほどたくさん魚が釣れました。夏休みは海へ釣りに行きたいと思います。

□ゴールデンウィーク　□くたびれる

Point ①

「いつ」「どこ」「だれ」「なに」「どうして」「どう」という情報を入れると、よりくわしく伝えることができます。

Including information such as "when," "where," "who," "what," "why," and "how" will allow you be covey things in more detail.

・夏休みに、友だちと　静岡へ　キャンプに行きました。
　いつ　だれ　どこ　なに

→　夏休みに、日本人の友だちに誘われて、静岡へ　キャンプに行きました。
　どうして

　初めてのキャンプでしたが、楽しかったです。
　どうだった

練習　次の文を読んで、「いつ」「どこ」「だれ」「なに」「どうして」「どう」の中で足りない情報を自分で考えて加えましょう。

今週の月曜日は休みだったので、東京スカイツリーに行きました。

Point ②

原因・理由を表す表現と逆接の表現を組み合わせて使うと、前文の内容から予想される結果・感想と異なる結果・感想になったことをわかりやすく伝えることができます。

By combining expressions that indicate causes and reasons with contradictory conjunctions, you can clearly convey that the resulting outcome or your thoughts differs from what would be expected based on the preceding sentence in more detail.

［V／イ A］て、
［ナ A／N］で、
［普通形／丁寧形］ので、
（※［N な／ナ A な］ので）
＋［普通形／丁寧形］が、～

※「～が、～て／で／ので、～」の順でも使います。

練習 1 音声を聞いて、書きましょう。　L4-4

1）人が大勢__________、疲れました______、いい思い出になりました。

2）暑くて大変でした______、お客さんに「おいしい!」と言って__________、うれしかったです。

3）アルバイトの学生たちはみんな休みを______________、私は______________休めませんでした。

練習 2 文のつながりに気をつけて、（　　　）に入る言葉を選びましょう。

例）先月は残業が多くて（大変でした／楽でした）が、給料が（多かった／少なかった）ので、うれしかったです。

1）ダイエット中でしたが、とてもおいしそうだったので、（食べてしまいました／食べませんでした）。

2）大勢の前でスピーチするのは（初めてだった／2回目だった）ので、（緊張しました／自信がありました）が、うまくできました。

3）日曜日は映画を見ようと思っていました（が／ので）、いい天気でした（が／ので）、散歩しました。

4）私はスポーツに興味がないのです（が／ので）、恋人はサッカーが好きです（が／ので）、試合を見に行きました。

5）初めて会う人と話をするのが苦手です（が／ので）、入学式はとても心配でした（が／ので）、新しい友だちができて、うれしかったです。

STEP 2

Ⅰ. 自分のことを書きましょう。

長い休みに何をしましたか。どうでしたか。

いつ	どこで	だれと	何をした	どうだった
例）春休み	公園	学校の友だち	・お花見をした ・写真を撮った	・きれいだった ・人がたくさんいて驚いた
①				
②				

＋α　これから休みの日にしてみたいことは何ですか。

4課

Ⅱ.「休みの日の思い出」について、モデル文を参考に 250 字程度で書きましょう。

作文用紙 DL

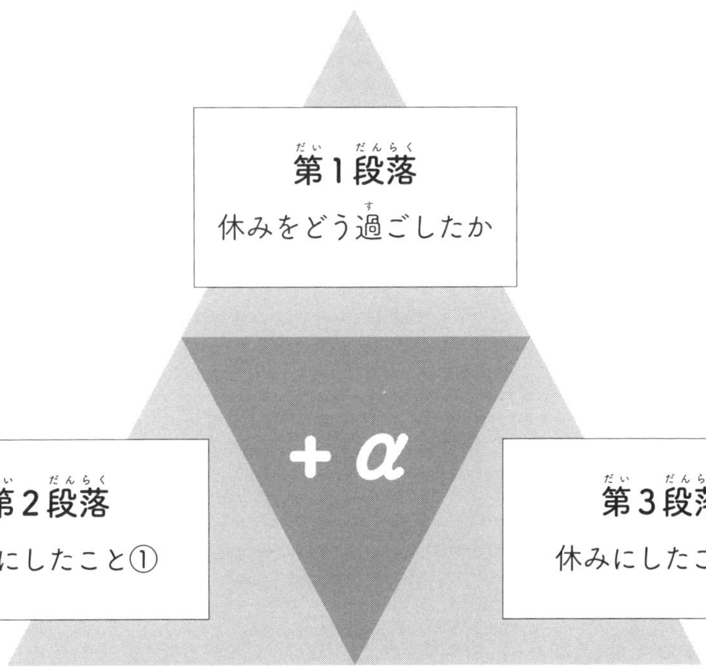

STEP 3

チェックしましょう。
１～５に○をつけてください。

できなかった 1 2 できた 3 4 よくできた 5

① 「いつ」「どこで」「だれが」「なにを」「どうして」「どう」に気をつけて、長い休みの間にしたことを少しくわしく書くことができた。 1 2 3 4 5

I was able to write in detail what I did during a long vacation while being mindful of the "when," "where," "who," "what," "why," and "how."

② 自分が経験(けいけん)したことの感想(かんそう)を書くことができた。 1 2 3 4 5

I was able to write about how I felt about my experiences.

③ 原因(げんいん)・理由(りゆう)の表現(ひょうげん)と逆接(ぎゃくせつ)の表現(ひょうげん)を組み合(あ)わせて、感想(かんそう)や結果(けっか)を書くことができた。 1 2 3 4 5

I was able to combine expressions that indicate causes and reasons with contradictory conjunctions to write my thoughts and the results.

時間があったら、作文を読み合(あ)ったり、発表(はっぴょう)したりしてみましょう。
ほかの人の作文のいいところ、おもしろいところ、質問などを書いてみましょう。

5課　もし動物になるなら

Can-do

□ どんな動物になりたいか想像し、その動物の特徴とその動物になりたい理由、その動物になってしてみたいことを書くことができる。

Can imagine what kind of animal you would like to become and write about the characteristics of that animal, why you want to become that animal, and what you would like to do as that animal.

STEP 1

I. どの動物が好きですか。どうしてですか。

a

b

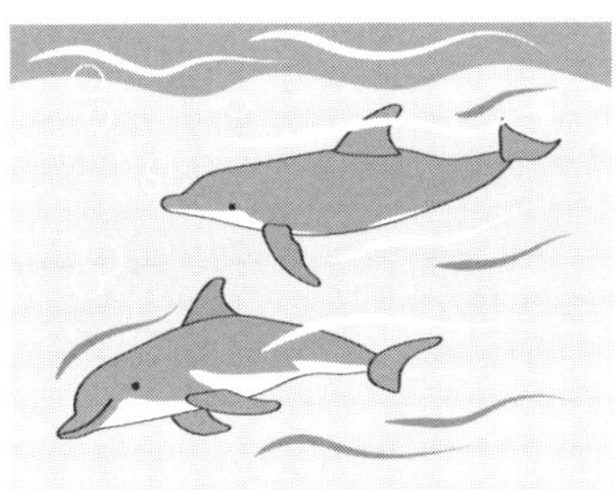

c

d

e

f

Ⅱ. モデル文を読みましょう。

1

マット（オーストラリア出身、日本語学校の学生）

L5-1

もし動物になるなら、私はイルカになりたいです。イルカは泳ぐのが速くて、すごく高いところまでジャンプすることができます。それに、頭がよくて、人と遊ぶのが好きだと言われています。

私がイルカになりたい理由は、水族館で一番人気があるからです。去年、日本語学校の旅行で水族館に行ったとき、イルカのショーを見ました。みんなたくさん写真やビデオを撮って、とても楽しそうでした。それで、私もイルカのようにみんなを楽しませたいと思いました。

私も泳いだり、友だちと遊んだりするのが好きです。だから、イルカになったら水族館でショーをして、大勢のお客さんに拍手をしてもらいたいです。

□イルカ　□ジャンプする　□水族館　□ショー　□楽しませる　□拍手をする

2

優奈（日本人、高校生）

L5-2

もし動物になるなら、私はトナカイがいいです。トナカイは北極の近くに住んでいて、寒さに強いです。それから、走るのが速いだけではなく、泳ぐのも上手なんです。それに、クリスマスが近づくと、空を飛ぶらしいです！？

私は寒さに弱くて、冬が苦手です。それと、スポーツがあまり得意じゃないです。それで、冬でも元気で、運動が得意なトナカイになりたいと思いました。

トナカイのように雪の中を走ったり、川を泳いだりしてみたいです。そして、サンタクロースと一緒に世界中の子どもたちにプレゼントを配れたら、すてきだなと思います。

□トナカイ　□北極　□寒さ　□サンタクロース　□配る

3

翔太（日本人、大学生）

🔈 L5-3

もし動物になるなら、私は鳥を選びます。鳥は自由に空を飛ぶことができます。そして、歌がとても上手です。

私は飛行機やヘリコプターが大好きで、子どものころから、鳥みたいに空を飛んでみたいと思っていました。それから、鳥になりたい理由がもう一つあります。私は歌うのが好きですが、音痴なんです。

だから、鳥になったら、まず世界中のきれいな景色を見に行きます。ピラミッドやナスカの地上絵を空から見るのは、すごくおもしろいと思います。それから、鳥の仲間たちと一緒に思いっきり歌えたら最高です。

□自由　□ヘリコプター　□音痴　□ピラミッド　□ナスカの地上絵　□仲間　□思いっきり
□最高

5
課

Point ①

「（もし）～なら／たら」を使うと、現実ではありえないようなことを想像して書くことができます。

Using (もし) ～なら/たら will allow you imagine and write things that would otherwise not be possible in reality.

・（もし）どこでも行けるなら、月に行きたいです。
・（もし）無人島に住まなければならないなら、何が必要だろう。
・（もし）宝くじで3億円当たったら、大きな家を建てます。
・（もし）タイムマシーンが発明されたら、100年後に行ってみたい。

練習　「（もし）～なら／たら」を使って、文を作りましょう。

もし＿＿＿＿＿＿＿＿＿＿＿＿＿＿、＿＿＿＿＿＿＿＿＿＿＿＿＿＿＿＿。

Point ②

比喩の表現を使うと、イメージがよく伝わります。

Using metaphors will allow you to convey images more clearly.

・Nのように～

・Nみたいに～

練習1 音声を聞いて、書きましょう。　L5-4

1) 私もイルカ＿＿＿＿＿みんなを楽しませたいと思いました。

2) トナカイ＿＿＿＿＿雪の中を走ったり、川を泳いだりしてみたいです。

3) 私は飛行機やヘリコプターが大好きで、子どものころから、鳥＿＿＿＿＿空を飛んでみたいと思っていました。

練習2 比喩の表現を使って、文を作りましょう。

例) 鳥のように空を飛んでみたいです。

1) ＿＿＿＿＿＿＿＿＿＿のように強くなりたいです。

2) ＿＿＿＿＿＿＿＿＿＿みたいに海の中を自由に泳いでみたいです。

3) コアラのように＿＿＿＿＿＿＿＿＿＿＿＿＿＿＿＿＿＿＿＿。

4) ＿＿＿＿＿＿＿＿＿みたいに＿＿＿＿＿＿＿＿＿＿＿＿＿＿＿＿。

STEP 2

Ⅰ. 自分のことを書きましょう。

あなたの好きな動物は何ですか。どうしてその動物が好きですか。特徴は何ですか。

好きな動物	好きな理由	特徴
例）ウサギ	体がふわふわしていて、かわいい	耳が長い、足が速い、グループで生活する

＋α　その動物になってしてみたいことはどんなことですか。

Ⅱ.「もし動物になるなら」について、モデル文を参考に 250 字程度で書きましょう。

作文用紙 DL

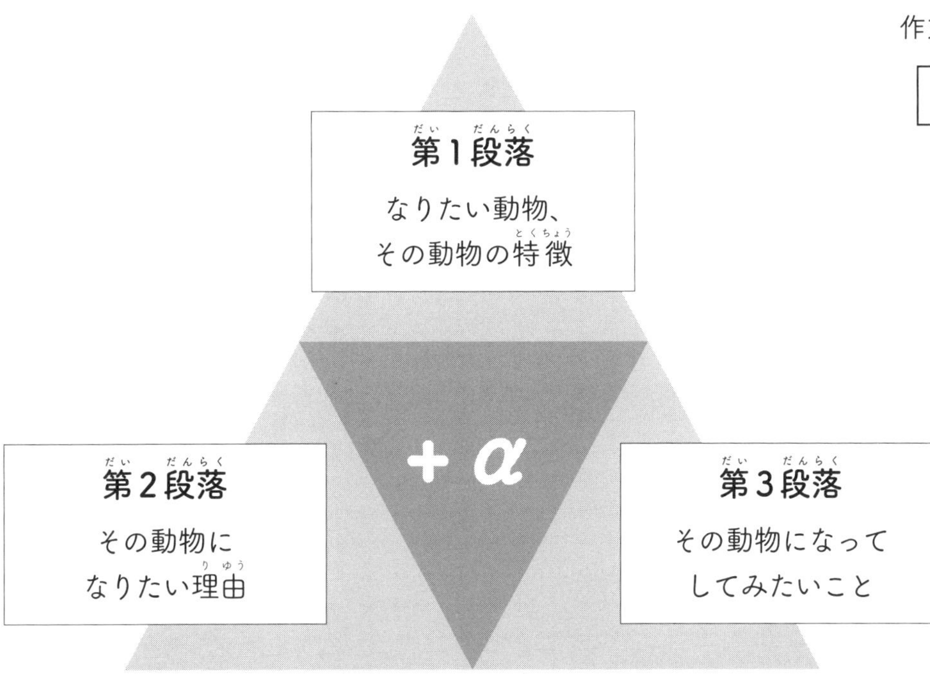

STEP 3

チェックしましょう。
1～5に○をつけてください。

できなかった		できた		よくできた
1	2	3	4	5

① 動物の特徴(とくちょう)について、わかりやすく書くことができた。 1 2 3 4 5
I was able to write about the characteristics of an animal in an easy-to-understand manner.

② その動物になりたい理由(りゆう)について、わかりやすく書くことができた。 1 2 3 4 5
I was able to write about why I want to be that animal in an easy-to-understand manner.

③ 仮定(かてい)や比喩(ひゆ)の表現(ひょうげん)を使って、その動物になってしてみたいことを書くことができた。 1 2 3 4 5
I was able to write about what I would want to do if I became that animal using hypothetical and metaphorical expressions.

！ 時間があったら、作文を読み合(あ)ったり、発表(はっぴょう)したりしてみましょう。ほかの人の作文のいいところ、おもしろいところ、質問などを書いてみましょう。

6課　苦手なもの・こと

Can-do

□ 自分の苦手なものや苦手なことについて、理由を述べて書くことができる。

Can write about things you don't like or things you're not good at.

STEP 1

I. あなたはどんなもの・ことが苦手ですか。
この中に苦手なもの・ことがありますか。

a

b

c

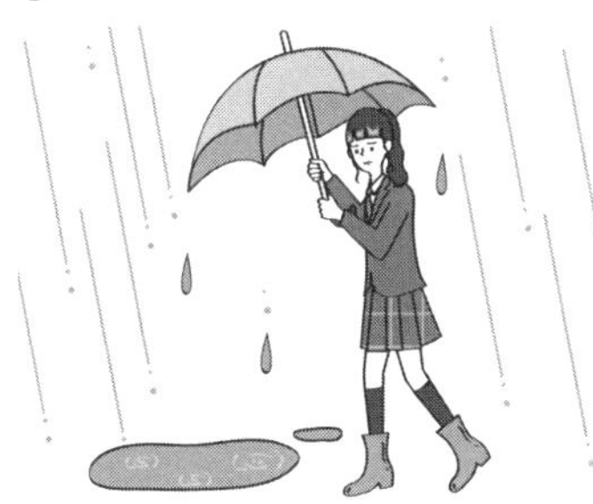

d

e

Ⅱ. モデル文を読みましょう。

1

ホア（ベトナム出身、大学生）

L6-1

　私は辛い料理が苦手です。韓国料理やタイ料理など唐辛子がたくさん入っている料理は食べられません。日本のカレーライスも「甘口」じゃないと無理です。

　それから、車に乗るのが苦手です。車やバスに乗ると、気分が悪くなるからです。国ではいつもバイクに乗っていたので、車には慣れていません。

　そして、一番苦手なものは、タバコです。日本でも、ときどき歩きながらタバコを吸う人がいて、危ないです。それに、周りにタバコを吸う人がいると、食事がおいしくなくなります。私の父もタバコを吸いますが、体に悪いので、早くやめてほしいです。

□唐辛子　□甘口　□慣れる　□周り

2

翔太（日本人、大学生）

L6-2

　私が苦手な食べ物は、パクチーです。あのにおいがだめです。タイ料理やベトナム料理の店に行っても、パクチーを入れないで作ってもらいます。

　それから、数学が苦手です。数学の問題を見ていると、頭が痛くなります。大学では数学の勉強をしなくてもいいから、よかったです。

　そして、一番苦手なのは、待つことです。病院などで待たされるとイライラします。特に嫌なのが、映画やコンサートの待ち合わせです。遅れて来たり、開始時間ギリギリに来る人もいるので、もっと早く来てほしいです。

□パクチー　□におい　□数学　□イライラする　□待ち合わせ　□開始時間　□ギリギリ

3

美咲（日本人、会社員）

L6-3

私はいろいろ苦手な食べ物がありますが、特にトマトが苦手です。トマトソースやケチャップなら大丈夫ですが、生のトマトはできれば一生食べたくないです。

それから、キャンプが苦手です。先月、初めてキャンプに行きましたが、虫もたくさんいるし、服も汚れるし、大変でした。

そして、自分の思っていることをはっきり言わない人が好きじゃありません。私はだれに対しても自分の意見をはっきり言うようにしています。でも、彼の前では嫌われたくなくて素直に言えないこともあります。そんなときは彼の方から優しく「どうしたの?」って聞いてほしいです。

□ケチャップ　□生　□一生　□嫌われる　□素直

Point ①

理由を書くと、なぜその行動をしたのか、なぜそのように思うのか、わかりやすくなります。

Writing down the reasons for something makes it easier to understand why someone did something and why they feel a certain way.

・約束の時間に間に合いませんでした。
→　寝坊したので、約束の時間に間に合いませんでした。

・昨日の試験は、ぜんぜんわかりませんでした。
→　昨日の試験は難しくて、ぜんぜんわかりませんでした。

・窓を閉めました。
→　寒いから、窓を閉めました。

練習　モデル文をもう一度読んで、以下の質問に答えましょう。

1）ホアさんは、どうして車に乗るのが苦手ですか。

2）翔太さんは、どうして映画やコンサートの待ち合わせが嫌だと言っていますか。

3）美咲さんは、どうしてキャンプが苦手ですか。

6課

Point ②

相手に対する希望や自分の願望を表す表現を使うと、意見や考えがはっきり伝わります。また、理由も書くと、なぜそう思うのかわかりやすくなります。

Using expressions that express your hopes and desires for the other party will clearly convey your opinions and thoughts. Also, writing the reasons why you think so will make it easier to understand why you think so.

・［普通形／丁寧形］から／ので、［V て］ほしいです

練習 1 音声を聞いて、書きましょう。　L6-4

1）私の父もタバコを吸いますが、体に________ので、早くやめて________です。

2）遅れて来たり、開始時間ギリギリに________ので、もっと早く________ほしいです。

3）そんなときは彼の方から優しく「どうしたの?」って________です。

練習 2 相手に対する希望や自分の願望を表す表現を使って、文を作りましょう。

例）宿題が多すぎるので、少なくしてほしいです。

1）________は迷惑なので、やめてほしいです。

2）隣の部屋がうるさくて勉強できないから、________ほしいです。

3）寒い冬が苦手なので、早く________ほしいです。

4）________は危ないので、________ほしいです。

STEP 2

Ⅰ. 自分のことを書きましょう。

あなたの苦手なもの・ことは何ですか。どうしてですか。

苦手な生き物	苦手な科目	苦手な食べ物	苦手なところ
例）犬	化学	納豆	高いところ
子どものときにかまれた	覚えるのが大変	1回食べたけどおいしくなかった	高いビルやタワーに上るのがこわい

＋α　一番苦手なもの・ことは何ですか。

Ⅱ.「苦手なもの・こと」について、モデル文を参考に250字程度で書きましょう。

作文用紙 DL

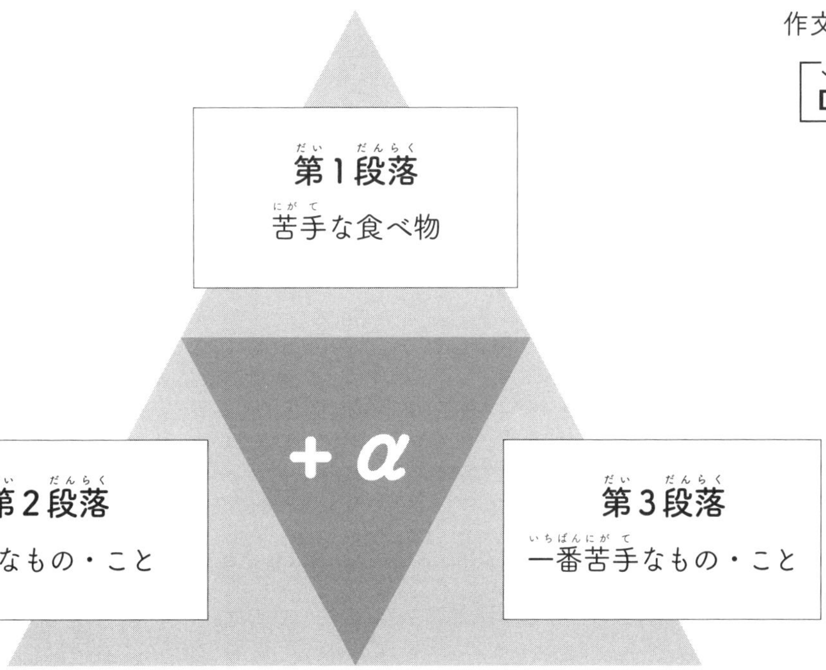

STEP 3

チェックしましょう。
1～5に○をつけてください。

できなかった　できた　よくできた
1　2　3　4　5

① 自分が苦手なもの・ことについて、苦手な理由を書くことができた。　1　2　3　4　5

I was able to write about things I don't like or things I'm not good at.

② 相手に対する願望や自分の希望を表す表現を使って、書くことができた。　1　2　3　4　5

I was able to write using expressions that express my wishes for others as well as myself.

! 時間があったら、作文を読み合ったり、発表したりしてみましょう。ほかの人の作文のいいところ、おもしろいところ、質問などを書いてみましょう。

Challenge! ②

友だちのホアさんからメッセージが届きました。

ホア

こんにちは。
金曜日、予定あいてる？
よかったら、マットさんと3人でご飯を食べに行かない？

いいね！ 行きたい！

ベトナム料理のレストランを予約しようと思うんだけど、パクチーとか大丈夫？

パクチーはちょっと苦手だけど、ベトナム料理は大好き！

了解！
また連絡するね ☺

メッセージに返信してみましょう。

こんにちは。
金曜日、予定あいてる?
よかったら、マットさんと
3人でご飯を食べに行かない?
ホア
いいね! 行きたい!
ベトナム料理のレストランを予約しようと思うんだけど、パクチーとか大丈夫?
了解!
また連絡するね ☺

どんな返事を書いたか、ほかの人と話してみましょう。

7課 仕事

Can-do

□ 仕事やアルバイトの内容をわかりやすく説明し、それについて感想を書くことができる。

Can write an easy-to-understand description about a job or part-time work and write what you think about it.

STEP 1

I. どんな仕事ですか。どんな仕事をしてみたいですか。

a

b

c

d

e

f

Ⅱ. モデル文を読みましょう。

1

ホア（ベトナム出身、大学生）　　L7-1

私は駅前の学校でベトナム語を教えるアルバイトをしています。半年ほど前に友だちが紹介してくれました。

1週間に3回、夕方の時間に中級の会話の授業を担当しています。生徒は大学生や会社員などで、みんな熱心です。会話をしながら、ベトナムの文化を紹介したり、日本の文化について話してもらったりしています。

教えるのは楽しいですが、授業の準備にとても時間がかかります。それに、自分の国の言葉について説明するのは、思っていたよりずっと難しいです。でも、やりがいがあるので、がんばって続けようと思います。

□担当する　□やりがいがある

2

美咲（日本人、会社員）　　L7-2

私は大学を卒業してから、ずっとホテルで働いています。本当は旅行会社に入りたくて就職活動をしていましたが、入れませんでした。でも、ホテルも旅行と関係があるし、気に入っています。

早番の日は、6時までに行かなければならないので、朝起きるのが大変です。フロントでチェックアウトの仕事をしたり、予約を確認して部屋を決めたりします。遅番の日は、チェックインの仕事や電話対応などの仕事が中心です。それから、季節によってさまざまなイベントを企画します。

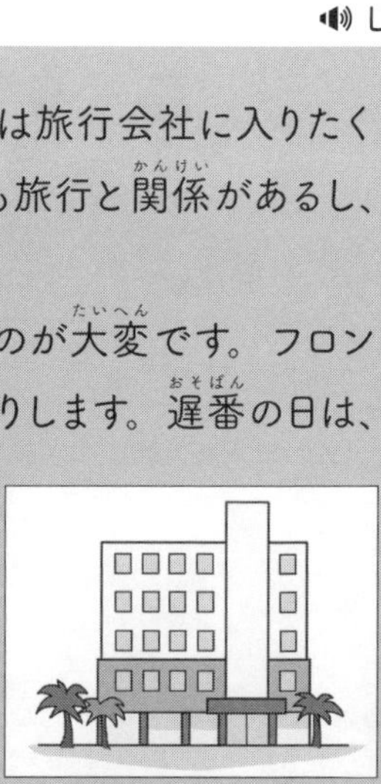

休日は目が回るほど忙しいですが、いろいろなお客様と出会えて、毎日新しい発見があります。飽きっぽい私には向いている仕事だと思います。

□就職活動　□気に入っている　□早番　□フロント　□チェックアウト　□遅番　□チェックイン
□対応　□イベント　□企画する　□目が回る　□飽きっぽい　□向いている

3

翔太（日本人、大学生）

L7-3

私は1年前から近くのカラオケ屋で週に三日ほどアルバイトをしています。

店は昼から次の日の朝まで開いていて、好きな時間に働けます。掃除をしたり、料理や飲み物を作って、お客さんの部屋に運んだりします。そんなに難しい仕事ではありませんが、料理のメニューが季節によって変わるので、覚えるのに苦労します。

夜はお客さんが多くて、大変です。でも、夜のほうが時給が高いので、だいたい夜に働いています。それから働いている人は、料金が半額になるサービスがあります。歌うのが好きな私にとって、このサービスは本当にありがたいです。

□苦労する　□半額　□ありがたい

Point ①

事実だけではなく、感想を加えて書くと、印象に残る自分らしい作文になります。

Writing not only facts, but also your thoughts and impressions will make your essay more personal and impactful.

・宅配便の会社で働いています。重い荷物を運びます。時給が高いです。

→　宅配便の会社で働いています。重い荷物を運ぶのは大変ですが、時給が高いので満足しています。

練習　モデル文をもう一度読んで、次の質問に答えましょう。

1）ホアさんは、生徒についてどう思っていますか。

2）美咲さんは早番の日の仕事についてどう思っていますか。

3）翔太さんはアルバイトについて何がいいと思っていますか。

7課

Point ②

感想を伝えるとき同じ表現を何度も使うと、読み手は単調でつまらないと感じます。いろいろな表現を使ってみましょう。

When conveying thoughts or feelings, using the same expressions will come off as monotonous and boring for the reader. Try using a variety of expressions.

例）やりがいがあります、いい経験になります、気に入っています、
満足しています、ありがたいです、助かります、きついです、苦労します　など

練習 1　音声を聞いて、書きましょう。　L7-4

1）でも、＿＿＿＿＿＿＿＿＿＿ので、がんばって続けようと思います。

2）でも、ホテルも旅行と関係があるし、＿＿＿＿＿＿＿＿＿＿＿＿。

3）料理のメニューが季節によって変わるので、覚えるのに＿＿＿＿＿＿＿＿＿＿＿＿。

練習 2　＿＿＿＿の言葉をほかの言葉に言いかえましょう。

例）今の仕事も旅行と関係があるので好きです。　・――・気に入っています

1）お客様に「ありがとう」と言われたとき、仕事をしてよかったと思います。　・

2）夜寝ないで働くのは、大変です。　・

3）将来、接客の仕事がしたいので、今のアルバイトは役に立ちます。・

4）社員は昼食が無料で食べられるので、給料日前は特に助かります。・

・いい経験になります

・きついです

・やりがいを感じます

・ありがたいです

・気に入っています

STEP 2

Ⅰ. 自分のことを書きましょう。

どんな仕事（アルバイト）をしたことがありますか。条件はどうでしたか。

仕事の種類	仕事の内容	場所・時給など
例）カラオケ店 接客の仕事	受付をする 食べ物や飲み物を運ぶ	京都駅前 時給1000円
①		
②		

＋α　仕事（アルバイト）で楽しいことや大変なことは何ですか。

Ⅱ.「仕事（アルバイト）」について、モデル文を参考に250字程度で書きましょう。

作文用紙 DL

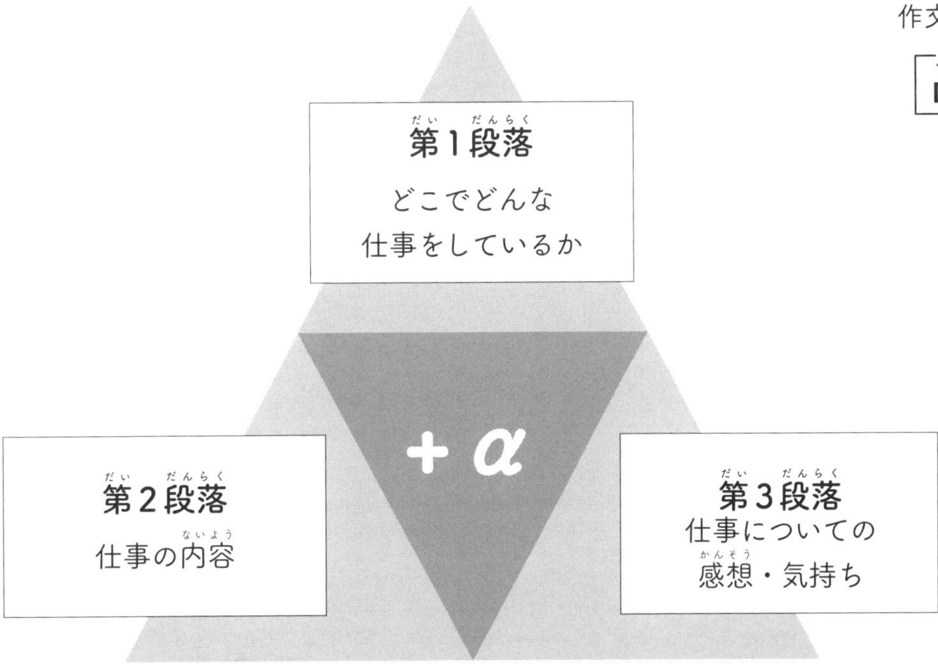

7課

STEP 3

チェックしましょう。
1～5に○をつけてください。

できなかった　できた　よくできた
1　2　3　4　5

① 仕事の内容(ないよう)についてわかりやすく書くことができた。　1 2 3 4 5
I was able to write about my job in an easy-to-understand manner.

② 仕事についての感想(かんそう)や気持ちを書くことができた。　1 2 3 4 5
I was able to write about my thoughts and feelings about my job.

③ 知っている言葉(ことば)を言いかえて、新しい表現(ひょうげん)を使うことができた。　1 2 3 4 5
I was able to use new expressions by rephrasing words I knew.

! 時間があったら、作文を読み合(あ)ったり、発表(はっぴょう)したりしてみましょう。
ほかの人の作文のいいところ、おもしろいところ、質問などを書いてみましょう。

8課　料理のレシピ

Can-do

□ 自分がよく知っている簡単な料理のレシピを書くことができる。

Can write about simple recipes that you are familiar with.

STEP 1

Ⅰ. 何をしていますか。

a

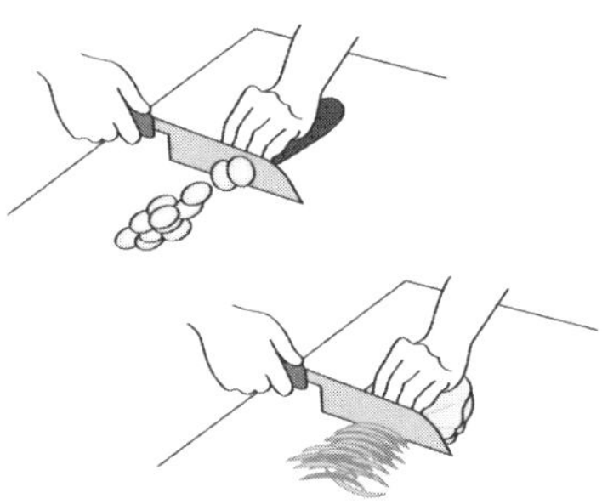

b

c

d

e

f

Ⅱ．モデル文を読みましょう。

❶

マリオ（イタリア出身、シェフ）

L8-1

ペペロンチーノは、イタリアでは夜食や軽食としてよく食べられる家庭料理です。今日は、簡単でおいしいペペロンチーノの作り方を紹介します。

作り方

（1）なべでお湯をわかします。お湯がわいたら、塩を入れます。塩を入れたらスパゲッティをゆでます。

（2）フライパンにオリーブオイルを入れ、刻んだにんにくと唐辛子を弱火で炒めます。

（3）（2）にゆでたスパゲッティとお玉１杯のゆで汁を加え、よく混ぜます。

材料（2 人分）

・スパゲッティ：200g
・にんにく：２片
・唐辛子：２本
・オリーブオイル：大さじ２
・塩：小さじ１

ポイントは、にんにくの炒め方です。にんにくがキツネ色になったら、ゆで汁を入れてください。おいしいソースができます！

□夜食　□軽食　□家庭料理　□なべ　□わく　□ゆでる　□オリーブオイル　□刻む　□にんにく
□弱火　□炒める　□お玉　□ゆで汁　□加える　□キツネ色　□大さじ　□小さじ

❷

優奈（日本人、高校生）

L8-2

今日は、私が大好きな「マカロニサラダ」の作り方を紹介します。

作り方

（1）なべでお湯をわかします。お湯がわいたら、マカロニをゆでます。

（2）きゅうりは薄く輪切りにします。

（3）ボウルにマカロニ、きゅうり、ハムを入れたら、マヨネーズ、塩、こしょうを加えて混ぜます。

材料（2 人分）

・マカロニ：80g
・きゅうり：１本
・ハム：４枚
・マヨネーズ：大さじ６
・塩、こしょう：少々

だれでも簡単に作れます。ハムのかわりにツナを入れてもいいし、キャベツやにんじんを千切りにして入れてもおいしいです。

□マカロニ　□輪切り　□ボウル　□千切り

3

パク（韓国出身、主婦）

🔊 L8-3

今日は、家庭でも簡単にできる「豚キムチ」の作り方を紹介します。

作り方

（1）豚肉を食べやすい大きさに切り、塩、こしょう、にんにく、キムチと混ぜます。玉ねぎは薄く切ります。

（2）フライパンにごま油を入れ、キムチと豚肉を中火で炒めます。いいにおいがしてきたら、玉ねぎを加えます。

（3）もやしと酒を入れたら、ふたをして、3～4分そのままにします。

（4）しょうゆと砂糖を入れて、混ぜます。

ご飯やビールによく合います！ 最後に白ごまをのせると、もっとおいしくなります。

材料（2人分）
- 豚肉 200g
- 塩、こしょう：少々
- キムチ：200 g
- 玉ねぎ：1/2 個
- ごま油：大さじ 1
- もやし：1/2 袋
- 酒：大さじ 2
- しょうゆ：大さじ 1
- 砂糖：大さじ 1

□キムチ　□ごま油　□中火　□もやし　□ふたをする　□～に合う　□白ごま

Point ①

手順を説明するとき、て形ではなく、連用中止形（例：開け~~ます~~、入れ~~ます~~）を使うことがあります。

When describing the method of doing something, we sometimes use the 連用中止形 (e.g. 開け~~ます~~, 入れ~~ます~~) instead of the て form.

・ふたを開けます。お湯を入れます。3分待ちます。

→（**て形**）ふたを開けて、お湯を入れて、3分待ちます。

→（**連用中止形**）ふたを開け、お湯を入れ、3分待ちます。

練習 次の2つの文を「て形」「連用中止形」を使ってつなげましょう。

トマトを薄く切ります。　＋　お皿に並べます。

→（て形）＿＿＿＿＿＿＿＿＿＿＿＿＿＿＿＿＿＿＿＿。

→（連用中止形）＿＿＿＿＿＿＿＿＿＿＿＿＿＿＿＿＿＿＿＿。

Point ②

料理のレシピを説明するとき、次のような他動詞と自動詞をよく使います。

When explaining recipes, transitive and intransitive verbs are used as follows.

他動詞	自動詞
わかす：お湯をわかす	**わく**：お湯がわく
焼く：魚を焼く	**焼ける**：魚が焼ける
煮る：野菜を煮る	**煮える**：野菜が煮える
温める：フライパンを温める	**温まる**：フライパンが温まる
冷ます：ゆでた野菜を冷ます	**冷める**：ゆでた野菜が冷める
通す：肉に火を通す	**通る**：肉に火が通る
〜く／にする：肉をやわらかくする	**〜く／になる**：肉がやわらかくなる

練習 1 音声を聞いて、書きましょう。 L8-4

1）なべでお湯を＿＿＿＿＿＿。

2）お湯が＿＿＿＿＿＿、塩を入れます。

3）にんにくがキツネ色に＿＿＿＿＿＿、ゆで汁を入れてください。

4）きゅうりは薄く輪切りに＿＿＿＿＿＿。

練習 2 ＿＿＿＿＿に入る言葉を□から選びましょう。必要なら形を変えてください。

1）まず、お湯を＿＿＿＿＿＿。お湯が＿＿＿＿＿＿たら、麺を入れます。

2）野菜は水から＿＿＿＿＿＿。野菜が＿＿＿＿＿＿たら、火を止めます。

3）ときどき家でパンを＿＿＿＿＿＿。グリルで 15 分でパンが＿＿＿＿＿＿。

煮えます	煮ます	焼けます	焼きます	わきます	わかします

STEP 2

Ⅰ. 自分のことを書きましょう。

あなたが知っている簡単な料理は何ですか。どのように作りますか。順番に書きましょう。

料理の名前	作り方		
	(1)	(2)	(3)
例）目玉焼き	フライパンに油を入れる	卵を割って入れる	焼けたら、お皿にのせる

＋α　その料理の作り方のポイントは何ですか。作り方のアドバイスはありますか。

Ⅱ. 「料理のレシピ」について、モデル文を参考に 250 字程度で書きましょう。

作文用紙 DL

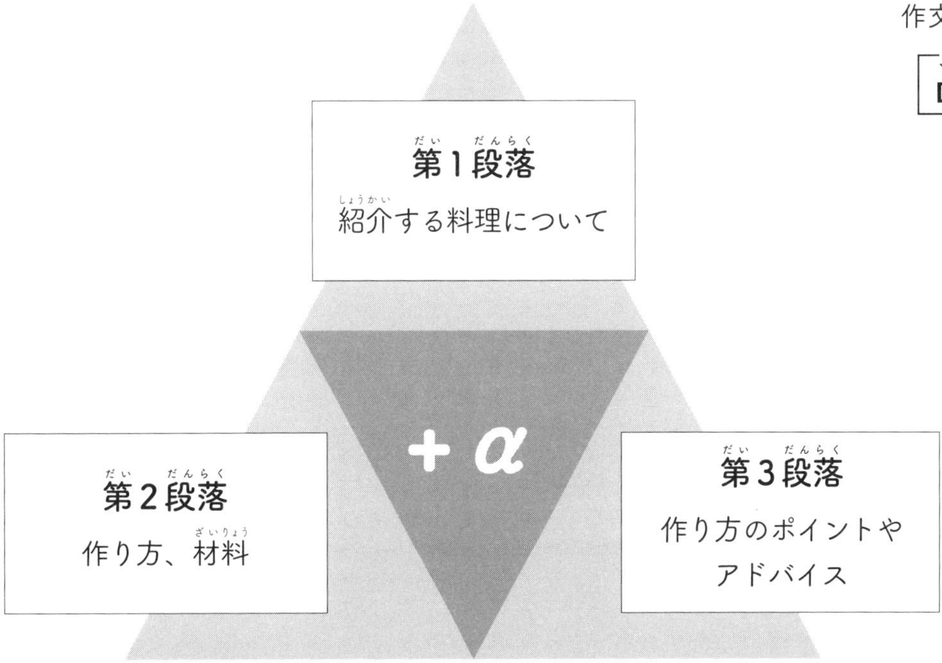

STEP 3

チェックしましょう。
1～5に○をつけてください。

できなかった　できた　よくできた
1　2　3　4　5

① 簡単な料理のレシピをわかりやすく書くことができた。　1 2 3 4 5
I was able to write a simple recipe in an easy-to-understand manner.

② 手順を説明する表現を使って、書くことができた。　1 2 3 4 5
I was able to write sentences using expressions that explain how to do something.

③「自動詞・他動詞」に気をつけて書くことができた。　1 2 3 4 5
I was able to write while being mindful of my use of transitive and intransitive verbs.

時間があったら、作文を読み合ったり、発表したりしてみましょう。
ほかの人の作文のいいところ、おもしろいところ、質問などを書いてみましょう。

9課　自分の名前

Can-do

□ 自分の名前の意味や由来などについて書くことができる。

Can write about your own name and its meaning.

STEP 1

I. 子どもに名前を付けるとき、どんなことを大切にしますか。

さくら　優人（ゆうと）　陽希（はるき）　愛花（あいか）

大晴（たいせい）　恵美（えみ）　健太郎（けんたろう）

読みやすくて、書きやすい名前…
春に生まれたし、桜のようにみんなに愛される人になってほしいなあ…
漢字の持つ意味も大切…私と弟は名前に同じ漢字が入っているの。

Ⅱ. モデル文を読みましょう。

1

ホア（ベトナム出身、大学生）

🔈 L9-1

私の名前の「ホア」は日本語で花という意味です。私の両親は花が大好きで、いつも家に花を飾っています。それで、花のようにみんなから愛される人になってほしいという願いを込めて、この名前にしたそうです。

ベトナム語ではいろいろな花の名前に「ホア」が付きます。たとえば「ホアダオ」は、日本語で桃の花です。私が生まれた１月はベトナムのハノイではピンク色の桃の花が咲く季節です。ハノイのお正月にはどこの家庭でも桃の花が欠かせません。日本の桜のようにハノイの人は桃の花を見ると、「春が来た」と思うのです。

私も両親と同じで、花が大好きです。だから、この名前はとても気に入っています。アルバイト先の人も「かわいい名前だね」と言ってくれます。

□飾る　□願い　□込める　□桃　□家庭　□欠かせない　□気に入る　□アルバイト先

2

翔太（日本人、大学生）

🔈 L9-2

私の名前は父が付けてくれました。「しょうた」という名前を決めてから、どんな漢字にするか決めたそうです。「翔」には「翼を広げて、空高く飛ぶ」という意味があります。また、「太」は、「太い」の漢字で、男の子の名前によく使われます。「のびのび元気に成長してほしい」という意味を込めて、この漢字にしたそうです。

「しょうた」は人気がある名前で、特に私の世代には同じ名前の人が多いです。よくある名前は嫌だという人もいますが、私はまったく気になりません。なぜなら、スポーツ選手や有名人にも同じ名前の人がたくさんいるからです。その人が活躍しているのを知ると、うれしくなります。

本当にいい名前を付けてもらったと思います。でも、子どものころから「しょうちゃん」とか「しょうやん」というあだ名で呼ばれていて、なかなか「しょうた」と呼んでもらえません。それが少し残念です。

□翼　□のびのび　□成長する　□世代　□気になる　□活躍する　□あだ名　□なかなか～ない

Point ①

接続詞を使うと、前後の文の関係がはっきりします。

Using conjunctions establishes the sentences connection to the preceding sentence.

原因・理由 ― 結果 Cause / Reason - Results **だから、それで**	私は４月に生まれました。**それで**、両親は私に「さくら」という名前を付けました。
前文の理由 Reason Mentioned in Previous Sentence **なぜなら**	私の名前は漢字ではなく、ひらがなです。**なぜなら**、みんなが読めて、覚えてもらいやすいからだそうです。
逆接 Contradictory **でも、しかし**	いい名前だと思います。**でも**、子どものときは別の名前がよかったと思ったこともあります。
例示 Illustrating by Example **たとえば**	**たとえば**、「ゆり」や「すみれ」など、同じ花の名前でももっと大人っぽいのがいいと思いました。
添加 Addition **そして、それから、それに、また**	でも、桜は海外でも有名なので、外国の方にもすぐに名前を覚えてもらえます。**それに**、きれいな桜の花を見ると、やっぱりこの名前でよかったと思います。

練習 接続詞を□から選んで、文を作りましょう。

1) 私は春に生まれました。＿＿＿＿＿＿、名前に「春」という漢字が入っています。

2) 「大」は「大きい」の漢字で、男の子の名前によく使われます。＿＿＿＿＿＿、「大」には「大切」という意味もあります。

3) 私は自分の名前が気に入っています。＿＿＿＿＿＿、名前ではなくて、あだ名で呼ばれることが多いです。

4) 私の名前には「愛」の漢字が使われています。＿＿＿＿＿＿、みんなに愛される人になってほしいからだそうです。

また　　なぜなら　　でも　　それで

Point ②

聞いたことを伝えるとき、次のような表現を使います。情報源（だれに聞いたか、なにで知ったか）を表す表現と一緒に使うことが多いです。

Use the following expressions to convey something that you have heard. They are often used in conjunction with expressions that indicate the source of the information (such as from whom or what you learned about it).

- ［N］によると、［普通形］そうです
- ［N］によれば、［普通形］そうです
- ［人の話］では、［普通形］そうです

練習１ 音声を聞いて、書きましょう。 L9-3

1）花のようにみんなから愛される人になってほしいという願いを込めて、この名前に＿＿＿＿＿＿そうです。

2）「しょうた」という名前を決めてから、どんな漢字にするか＿＿＿＿＿＿＿＿＿＿＿＿です。

3）「のびのび元気に成長してほしい」という意味を込めて、＿＿＿＿＿＿＿＿＿＿＿＿です。

練習２ 伝聞の表現「～そうです」を使って、文を書きかえましょう。

例）母によれば、姉の名前は母から、私の名前は父から１文字もらって（付けました→） 付けたそうです 。

1）母の話では、私の名前は祖父が（決めてくれました→）＿＿＿＿＿＿＿＿＿＿＿＿。

2）両親の話では、男の子にも女の子にも使える名前を（選びました→）＿＿＿＿＿＿＿＿＿＿＿＿。

3）両親の話によると、生まれる前から名前を（考えていました→）＿＿＿＿＿＿＿＿＿＿＿＿。

4）父によると、私の名前には「海のように広い心を持ってほしい」という願いが（込められています→）＿＿＿＿＿＿＿＿＿＿＿＿。

STEP 2

Ⅰ. 自分のことを書きましょう。

あなたの名前について書いてください。
どんな意味がありますか。だれがその名前を付けてくれましたか。

名前	意味	名前を付けた人	名前の由来やエピソード
例）ホア	花	両親	花のようにみんなから愛される人になってほしい

＋α　自分の名前についてどう思いますか。

Ⅱ.「名前」について、モデル文を参考に 350 字程度で書きましょう。

作文用紙 DL

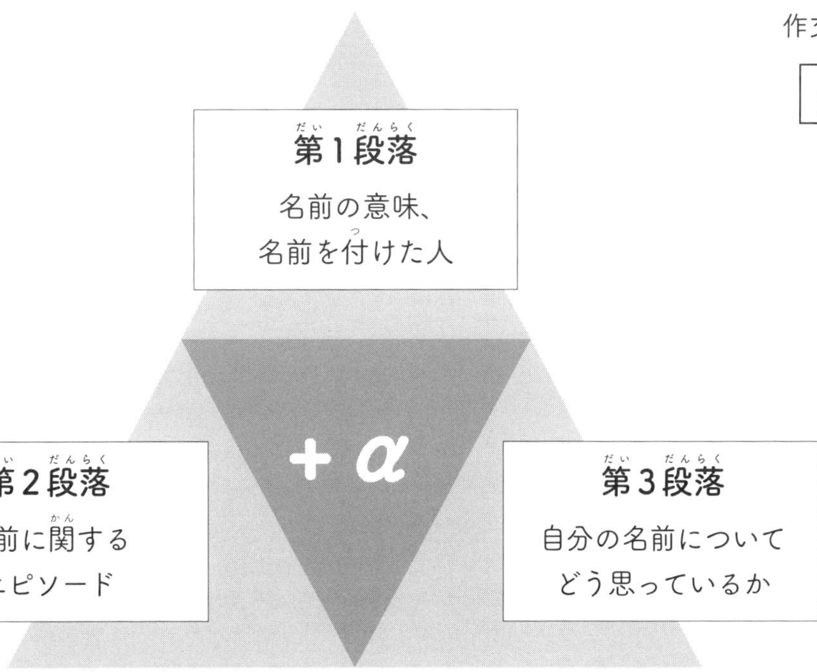

STEP 3

チェックしましょう。
1～5に○をつけてください。

できなかった　できた　よくできた
1　2　3　4　5

① 自分の名前の意味や由来(ゆらい)をわかりやすく書くことができた。　1 2 3 4 5
I was able to write about the meaning and origin of my name in an easy-to-understand manner.

② 前後の文の関係(かんけい)に気をつけて、「接続詞(せつぞくし)」を使うことができた。　1 2 3 4 5
I was able to use conjunctions while being mindful of how a sentence is related to the sentences before and after it.

③ 聞いたことを伝(つた)える表現(ひょうげん)を使って、書くことができた。　1 2 3 4 5
I was able to write sentences using expressions that convey things that I heard.

! 時間があったら、作文を読み合(あ)ったり、発表(はっぴょう)したりしてみましょう。
ほかの人の作文のいいところ、おもしろいところ、質問などを書いてみましょう。

Challenge! ③

友だちのマットさんからメッセージが届きました。

マット：最近バイト始めたんだ！

へえ、そうなんだ。どんなバイト？

マット：駅前の居酒屋☺

駅前？　忙しそうだね

マット：そうなんだよ～。覚えることが多いし、
まだわからないことも多いし😥

えー、それは大変そうだね。
なんでそのバイト始めたの？

マット：友だちの紹介。
まかないがすごくおいしいって聞いて

そっか、まかないか！
まかないはどんな感じなの？

マット：和食☺　焼き魚とか豆腐とか。
ときどき、お刺身とか天ぷらも出るんだ

わー、いいね～！
ぼくも居酒屋でバイト始めようかなあ

「へえ」「えー」「そっか」「わー」などを、あいづちと言います。あいづちは、「私はあなたの話を聞いています」というメッセージです。あいづちがあると、やり取りがスムーズに進みます。あいづちはたくさんありますが、ここでは4つの例を紹介します。

〈あいづちの例〉

話を続けてほしいとき： へえ　うんうん　など

驚いたとき： えー！　そうなの？　すごい！　など

相手の気持ちがわかるとき： そっか　うんうん　たしかに　など

感心したりほめたりするとき： わー！　すごい！　さすが！　など

あいづちを入れてみましょう。

1)

翔太

昨日、駅前で偶然サントスさんに会ったんだ。

________________________　元気だった？

2)

優奈

食べようと思ってたドーナツ、弟に食べられた…

________________________　かなしい…

3)

美咲

うちのホテルが今度テレビで紹介されるよ！

________________________　いつ？

10課　尊敬する人

Can-do

□ 自分が尊敬する人について説明し、見習いたい点について書くことができる。

Can describe a person you admire and what it is about them that you would like to emulate.

STEP 1

I. この人たちを知っていますか。何をした人ですか。

a

b

c

d

e

f

a トーマス・エジソン　b 津田 梅子（つだ うめこ）　c マハトマ・ガンジー
d ヘレン・ケラー　e アルベルト・アインシュタイン　f ビル・ゲイツ

Ⅱ. モデル文を読みましょう。

1

ホア（ベトナム人、大学生）

L10-1

私が尊敬する人は母です。母はどんなときも笑顔でいられる人です。

私が子どものとき、父は仕事で家にいないことが多かったので、家事はほとんど母がしていました。母は昼も市場で働いていたので、朝起きてから夜寝るまで一日中忙しそうでした。学校の送り迎えも母がしてくれました。バイクを運転する母の背中が好きでした。

母は私の勉強がうまくいかないとき、いつも励ましてくれました。日本に留学しようか悩んでいたときも、笑顔で「あなたはどこに行っても大丈夫」と背中を押してくれました。私もそんな優しくて強い母のようになりたいです。日本での生活は大変なことも多いですが、母の言葉を胸に毎日勉強やアルバイトをがんばっています。

□尊敬する　□笑顔　□家事　□市場　□送り迎え　□背中　□励ます　□悩む　□背中を押す
□～を胸に

2

翔太（日本人、大学生）

L10-2

私の尊敬する人はスティーブ・ジョブズです。Apple を作り、新しいコンピューターやスマートフォンなどを開発したアメリカ人です。彼は製品のアイデアを生み出す才能だけでなく、ビジネスの才能もありました。

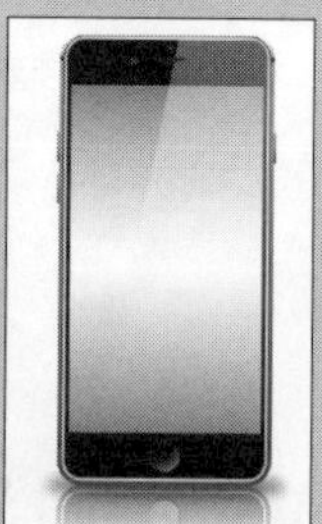

彼のすごいところは、あきらめないで何度もチャレンジするところです。彼は、30 歳のとき、自分の会社をクビになりました。しかし、その後、別の会社を作って成功し、もう一度 Apple に戻ってきました。

彼の有名な言葉に「もし今日が人生最後の日だったらどうするか」というものがあります。私も彼のように時間を大切にして、毎日を過ごしたいです。そして、いろいろなことにチャレンジしようと思います。

□開発する　□アイデア　□生み出す　□才能　□あきらめる　□チャレンジする　□クビになる
□人生　□過ごす

3

中田（日本人、コンビニの店長）

🔊 L10-3

私は伊能忠敬を尊敬しています。1800年ごろ、忠敬は約4万km歩いて、日本地図を作りました。

忠敬の地図は、それまでの地図より正確で、細かい所まできれいに作られています。今見ても、歩いて作ったとは信じられません。実は、忠敬が地図作りの勉強を始めたのは50歳を過ぎてからでした。そして、55歳から20年近く地図を作り続けたのです。私はその年齢を知って驚きました。

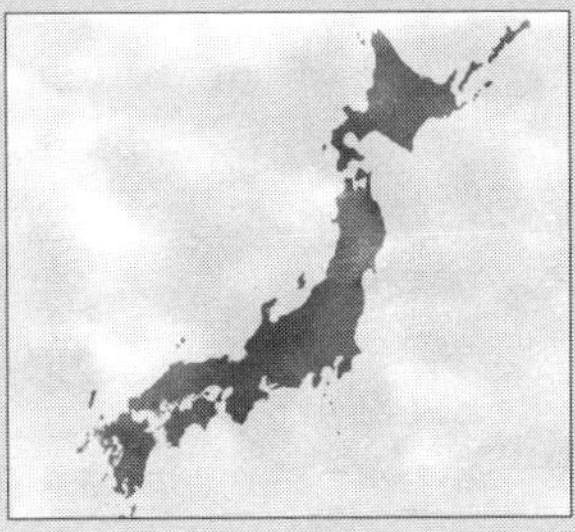

私ももうすぐ50歳になりますが、忠敬のように何か新しいことをやってみたいです。そして、そのことを長く続けられるように健康にも気をつけようと思います。

□正確　□細かい　□作り続ける　□年齢　□健康

Point ①

西暦や年齢を加え、出来事が起きた順に書くと、流れが理解しやすくなります。

By adding the year on the Western Calendar and people's ages, and writing events in the order they occurred, the progression of events will be clearer and easier to understand.

練習 次の文を適当な順番に並べましょう。

① 1781年、25歳の時にウィーンで作曲家として活動を始め、多くの曲を生み出しました。

② モーツァルトは、1756年、オーストリアのザルツブルクで生まれました。

③ 1791年、35歳で亡くなりましたが、その後も彼の音楽は世界中で愛され続けています。

④ そして、父親に連れられて、ヨーロッパ各地で演奏旅行を行いました。

⑤ 幼いころから音楽の才能が認められ、5歳でヴァイオリンの演奏を始めました。

(　　) → (　　) → (④) → (　　) → (　　)

Point ②

尊敬する人の見習いたいところを書くときには、次のような表現を使ってみましょう。

When writing about the qualities you want to emulate in a person you respect, try using the following expressions.

・私も［人］のように［V-~~ます~~］たいです

・私も［人］のように［V よう］と思います

練習 1 音声を聞いて、書きましょう。 🔊 L10-4

1）私もそんな優しくて強い母のように＿＿＿＿＿＿＿＿＿＿。

2）私も＿＿＿＿＿ように時間を大切にして、毎日を＿＿＿＿＿＿＿＿たいです。

そして、いろいろなことに＿＿＿＿＿＿＿＿＿＿と思います。

3）私ももうすぐ 50 歳になりますが、忠敬＿＿＿＿＿何か新しいことを＿＿＿＿＿＿＿＿＿＿。

練習 2 ＿＿＿＿＿＿の言葉を言いかえましょう。

例）私もあきらめずに、最後まで（がんばります→）がんばろう　と思います。

1）私もエジソンのように人の役に立つものを（発明します→）＿＿＿＿＿＿＿たいです。

2）私も佐々木先生のように明るく前向きな人に（なります→）＿＿＿＿＿＿＿たいです。

3）私もヘレン・ケラーのように困っている人を（助けます→）＿＿＿＿＿＿＿たいです。

4）私も彼のようにもっと積極的に（行動します→）＿＿＿＿＿＿＿と思います。

5）私も彼女のように努力を（続けます→）＿＿＿＿＿＿＿と思います。

STEP 2

Ⅰ. 自分のことを書きましょう。

あなたが尊敬している人はだれですか。その人は何をしましたか。どんな人ですか。

例）名前：スティーブ・ジョブズ

いつ・どこの人？	何をした人？	どんな人？
アメリカ	Appleを作り、新しいコンピューターやスマートフォンなどを開発した	あきらめないで何度もチャレンジする人

名前：

いつ・どこの人？	何をした人？	どんな人？

＋α　その人のどんなところが好きですか。どうして尊敬していますか。

Ⅱ.「尊敬する人」について、モデル文を参考に350字程度で書きましょう。

作文用紙 DL

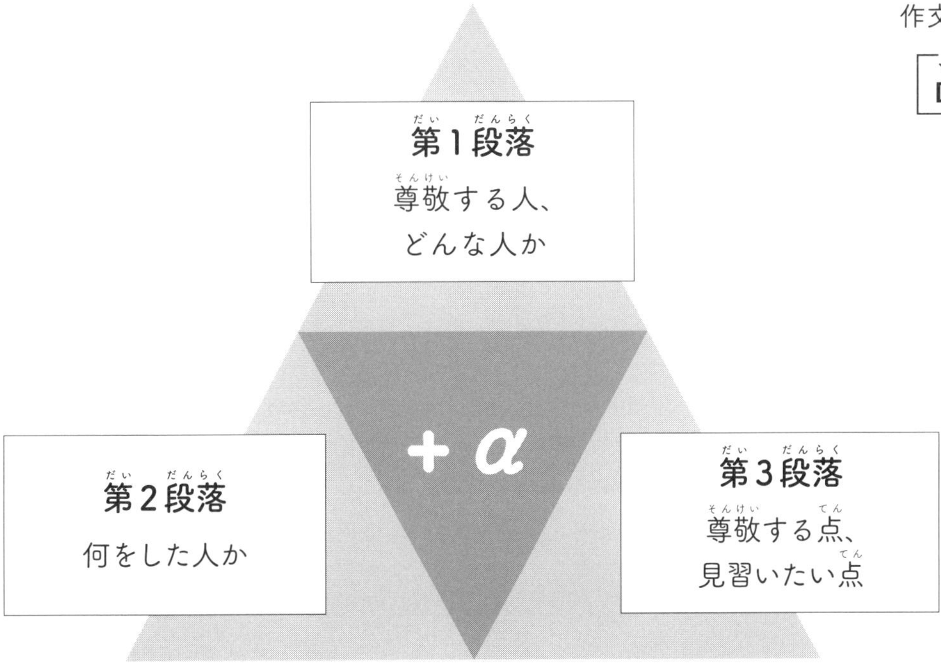

STEP 3

チェックしましょう。
1～5に○をつけてください。

できなかった　できた　よくできた
1　2　3　4　5

① 尊敬(そんけい)する人について西暦(せいれき)や年齢(ねんれい)を入れて、出来事が起きた順番(じゅんばん)に、流(なが)れをわかりやすく書くことができた。　1　2　3　4　5

I was able to write the order in which a person I admire did things while including the age and the year on the Western calendar.

② 尊敬(そんけい)する点(てん)や見習いたい点(てん)について書くことができた。　1　2　3　4　5

I was able to write about what I admire about that person and what I would like to learn from them.

! 時間があったら、作文を読み合(あ)ったり、発表(はっぴょう)したりしてみましょう。
ほかの人の作文のいいところ、おもしろいところ、質問などを書いてみましょう。

11課　おすすめ

Can-do

□ 自分の気に入っているものについて説明し、それを身近な人にすすめる文を書くことができる。

Can write about something that you like and recommend it to people close to you.

STEP 1

I. どちらがいいですか。どちらが好きですか。どうしてですか。

1）夏休みに行きたいのは？

a. 海

b. 山

2）映画を見るなら？

a. 映画館で見る

b. 部屋で見る

3）ちょっとおなかがすいたときに食べるのは？

a. ポテトチップス

b. チョコレート

Ⅱ. モデル文を読みましょう。

①

マリオ（イタリア出身、シェフ）

🔊 L11-1

今日は外国人におすすめしたい日本のお菓子を紹介します。私は今までいろいろな日本のお菓子を食べてきました。その中でも、鯛焼きが一番好きです。鯛焼きは、小麦粉で作った皮の中にあんこを入れて焼いたもので、魚の形をしています。

あんこを使ったお菓子は、饅頭やどら焼きなどたくさんあります。しかし、温かいあんこのお菓子は初めて食べたので、驚きました。特におすすめなのが、寒いときに外で鯛焼きを食べることです。外で食べるほうが家の中で食べるよりもっとおいしく感じます。それから、鯛焼きの形も好きです。最初はどうして魚の形なのか不思議でした。でも、今は、頭から食べたりしっぽから食べたりいろいろな食べ方ができるので、とてもユニークでいいと思っています。

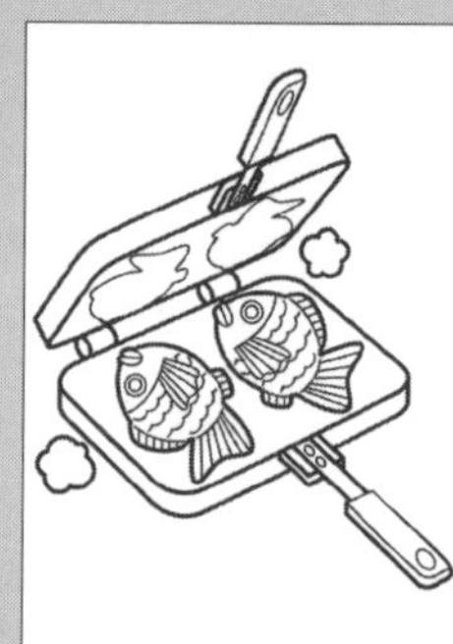

今、私は鯛焼きの作り方を研究しています。国にいる母にもおいしい鯛焼きを食べさせてあげたいからです。この世に鯛焼きほどおいしいお菓子はないと思います。まだ食べたことがない方、ぜひ一度食べてみてください。

□鯛焼き　□小麦粉　□皮　□あんこ　□饅頭　□どら焼き　□不思議　□しっぽ　□ユニーク
□この世

②

中田（日本人、コンビニの店長）

🔊 L11-2

古いと思われるかもしれませんが、ラジオをおすすめします。私は本を読むのも好きですが、それと同じくらいラジオも好きです。

テレビやスマホは長い時間見ていると目が疲れますが、ラジオは聞いている間目を休めることができます。また、ラジオは「ながら聞き」もできます。洗濯物を干したり、お皿を洗ったり、家事をしていてつまらないなと感じたときは、ぜひラジオをかけてください。退屈な時間がすてきな時間に変わります。ラジオはテレビや映画と違って、見ることができない代わりにあれこれ想像します。それが楽しいのです。

そして、ラジオの最も良いところは、飽きないところです。ラジオは新しいことを知ったり、役に立つことを学べたり、音楽を楽しんだり、面白い話にくすっと笑ったりできます。私にとってラジオを聞いているときが一番リラックスできる時間です。みなさんもぜひリラックスしたいときに聞いてみてください。

□スマホ　□休める　□干す　□家事　□退屈　□すてき　□あれこれ　□想像する　□飽きる
□学ぶ　□くすっと　□リラックスする

Point ①

ほかのものと比較すると、そのものの特徴を明らかにすることができます。

Comparing one thing with something else can allow you to make the characteristics of the first thing more apparent.

・うどんは太いです。　→　うどんはラーメンより太いです。
・ウォーキングは疲れません。　→　ウォーキングはジョギングほど疲れません。
・グミはゴミが出ない。　→　グミはガムに比べてゴミが出ない。

練習　モデル文をもう一度読んで、次の質問に答えましょう。

1）鯛焼きと、饅頭やどら焼きは何が違いますか。

2）中田さんは、ラジオと何を比較していますか。

Point ②

ほかのものと比較するときは、次のような表現を使います。

When comparing one thing to another, use expressions like the following.

① 2つのもの・ことを比べる　Comparing Two Things

「少し」「もっと」「かなり」「ずっと」「結構」などと一緒に使うと、違いがよくわかります。

Using words like 少し, もっと, かなり, ずっと and 結構 can help make the differences more apparent.

・AはBより～　　・AのほうがBより～　　・BよりAのほうが～

・AはBに比べて～　　・Aと同じくらいBも～　　・AはBと違って～

② 3つ以上のもの・ことを比べる　Comparing Three or More Things

・～の中で（も）Aが一番～　　・Aほど～はない

練習 1　音声を聞いて、書きましょう。　L11-3

1) その中でも、鯛焼きが＿＿＿＿＿好きです。

2) 外で食べる＿＿＿＿＿家の中で食べる＿＿＿＿＿おいしく感じます。

3) この世に鯛焼き＿＿＿＿＿おいしいお菓子＿＿＿＿＿と思います。

4) 私は本を読むのも好きですが、それ＿＿＿＿＿ラジオも好きです。

練習 2　比較する表現を使って、文を作りましょう。

例) 一人で＿食べる＿より、みんなで＿食べる＿ほうがずっとおいしく感じます。

1) 日本で食べたものの中で、＿＿＿＿＿が一番好きです。

2) ＿＿＿＿＿は＿＿＿＿＿よりかなり＿＿＿＿＿です。

3) ＿＿＿＿＿は＿＿＿＿＿に比べて、少し＿＿＿＿＿。

4) ＿＿＿＿＿と同じくらい＿＿＿＿＿も好きです。

5) ＿＿＿＿＿ほど＿＿＿＿＿はありません。

STEP 2

Ⅰ. 自分のことを書きましょう。

あなたがおすすめしたい食べ物・飲み物、場所、もの、ことは何ですか。
どんなところが気に入っていますか。

食べ物・飲み物	場所	もの	こと
例）鯛焼き	朝の公園	扇子	夜のウォーキング
温かいスイーツはめずらしい	静かで気持ちがいい	持ち運ぶのに便利	ジョギングほど疲れない

＋α　一番おすすめしたいもの・ことは何ですか。

Ⅱ.「おすすめ」について、モデル文を参考に 350 字程度で書きましょう。

作文用紙 DL

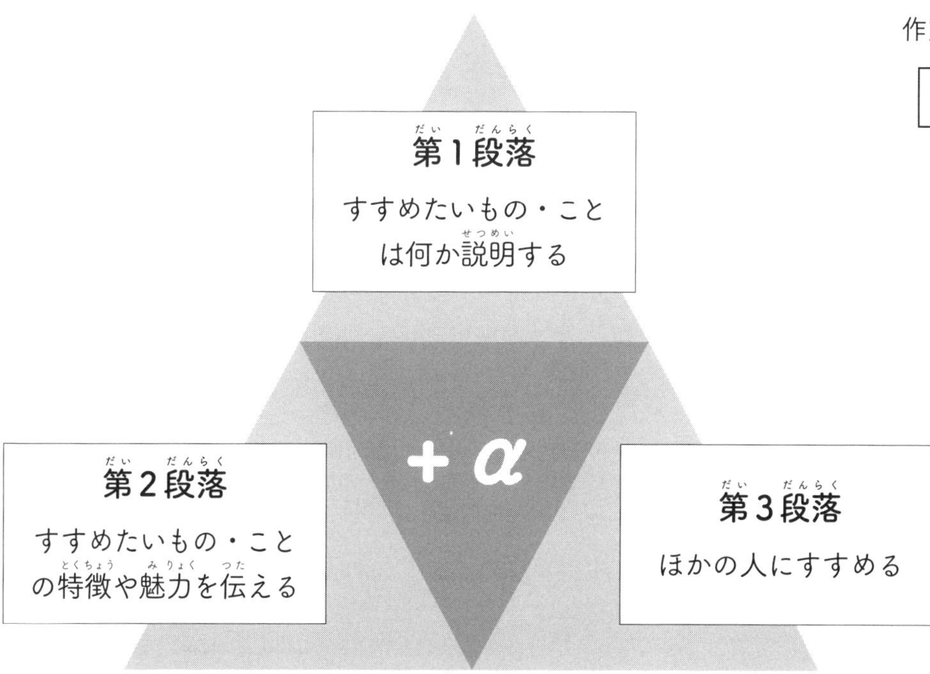

STEP 3

チェックしましょう。
1～5に○をつけてください。

できなかった　できた　よくできた
1　2　3　4　5

① おすすめしたいもの・ことについて、特徴を簡単に説明することができた。
1　2　3　4　5

I was able to explain the characteristics of things I want to recommend in a simple manner.

② おすすめしたいもの・ことについて、その理由を書くことができた。
1　2　3　4　5

I was able to write my reasons for recommending things.

③ おすすめしたいもの・ことについて、ほかのもの・ことと比較して、書くことができた。
1　2　3　4　5

I was able to compare things I want to recommend with other things and write about it.

時間があったら、作文を読み合ったり、発表したりしてみましょう。
ほかの人の作文のいいところ、おもしろいところ、質問などを書いてみましょう。

12課　好きな映画・アニメ・ドラマ

Can-do

□ 知らない人にもわかるように、好きな映画・アニメ・ドラマについて印象に残った点を書くことができる。

Can describe about what impressed you about your favorite movie/anime/drama so that people who don't know about it can understand it.

STEP 1

I. どんな映画が好きですか。今までで一番印象に残っている映画は何ですか。

a

b

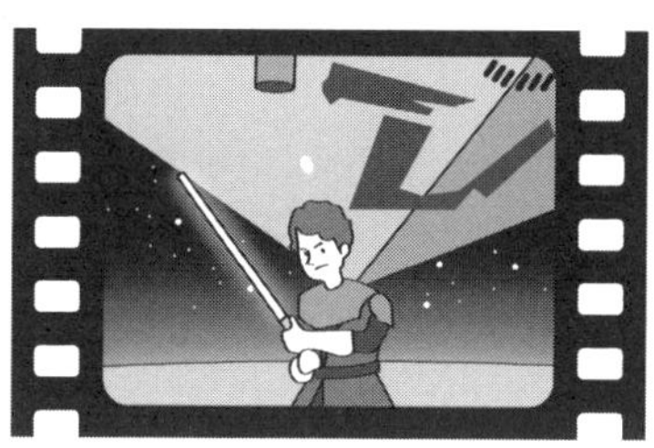

c

d

e

f

Ⅱ. モデル文を読みましょう。

1

ホア（ベトナム出身、大学生）

🔊 L12-1

私は宮崎駿監督の『となりのトトロ』という映画が大好きです。『となりのトトロ』は、古い映画ですが、今でも人気があります。

一番感動的なシーンは、迷子になったメイを姉のサツキがネコバスに乗って迎えに行くところです。二人のお母さんは入院していて、なかなか会えません。ある日、メイはお母さんにおいしいトウモロコシをあげたいと思い、一人で病院へ向かいます。しかし、幼いメイは、途中で迷子になってしまいます。サツキは必死で妹を探しますが、なかなか見つかりません。そんなときトトロがネコバスを呼んで助けてあげるのです。トトロは不思議な生き物で、言葉を話しません。でも、サツキの想いがちゃんとトトロに伝わったところにグッときます。

何度見てもおもしろい映画で、毎年夏になると、この映画が見たくなります。まだ見たことがない方、ぜひ見てみてください。

□監督　□感動的　□シーン　□迷子　□幼い　□途中　□必死　□不思議　□想い
□グッとくる

2

翔太（日本人、大学生）

🔊 L12-2

最近『ワンピース』を読みました。『ワンピース』は有名なマンガですが、今まで読んだことがありませんでした。友だちにすすめられて読んでみたら、私もハマってしまいました。

『ワンピース』は、海賊たちが活躍する物語です。登場人物は悪者ばかりでなく、心優しいキャラクターも大勢います。彼らはいつも困っている人や弱っている人を助け、勇気や友情とは何かを教えてくれます。私の一番好きなキャラクターは、ゾロです。ゾロは剣士で、三本の刀を使って戦います。いつも自分に厳しく、強くなるために少しでも時間があればトレーニングを積んでいます。そういうストイックなところにあこがれます。

『ワンピース』はキャラクターが個性的で、ストーリーも深くて、おもしろいです。マンガだけではなく、テレビアニメや映画もあって、今は実写ドラマもあります。一度見たらきっとあなたもハマるはずです！

□ハマる　□海賊　□活躍する　□物語　□登場人物　□悪者　□心優しい　□キャラクター　□弱る　□勇気　□友情　□剣士　□積む　□ストイック　□あこがれる　□個性的　□ストーリー　□実写

Point ①

全体的な感想だけではなく、ある部分（特に好きなことなど）について例を挙げて具体的に述べると、よりその作品の良さを伝えることができます。

By giving specific examples about certain aspects of a work (such as things you particularly liked about it) rather than just your overall impressions, you will be better able to convey what makes it great.

・この映画はストーリーがおもしろいです。
＋　主人公は、どこにでもいそうな普通の少年ですが、修行や戦いを通してどんどん成長して、力をつけていきます。

・このドラマの花咲というキャラクターが大好きです。
＋　花咲は、普通の人とは違って、自分が正しいと思ったことはだれに対してもはっきり言います。偉い人を相手に堂々としている姿は、見ていてすっきりします。

練習　モデル文をもう一度読んで、次の質問に答えましょう。

1）ホアさんが『となりのトトロ』を見て、最も感動したのはどんな場面ですか。

2）翔太さんはゾロのどんなところにあこがれていますか。

Point ②

映画・アニメ・ドラマの場面（シーン）やキャラクターの特徴、感じたことなど、次のような表現を使って書いてみましょう。

Try writing about scenes or characters from movies, anime, or TV shows or how you felt about them using the following expressions.

< 表現の例 >

感動的、個性的、不思議、必死、ストイック、（奥が）深い、心優しい、厳しい、

グッとくる、すっきりする、あこがれる

練習 1 音声を聞いて、書きましょう。　L12-3

1）一番＿＿＿＿＿＿＿シーンは、迷子になったメイを姉のサツキがネコバスに乗って迎えに行くところです。

2）サツキは＿＿＿＿＿＿＿妹を探しますが、なかなか見つかりません。

3）サツキの想いがちゃんとトトロに伝わったところに＿＿＿＿＿＿＿＿＿。

4）『ワンピース』はキャラクターが＿＿＿＿＿＿で、ストーリーも＿＿＿＿＿＿、おもしろいです。

練習 2 （　　　　　）に入る言葉を選びましょう。

例）私は優しくて強い主人公に（　①　）。

① あこがれています　② 堂々としています　③ 助けています　④ 力をつけています

1）この映画はコメディーですが、社会問題についても考えさせられる（　　　　　）映画です。

① ストイックな　② 気味が悪い　③ 奥が深い　④ あやしい

2）大切な人が病気になってしまうシーンで（　　　　　）、涙が出ました。

① 必死になって　② 気持ちがよくて　③ グッときて　④ 心優しくて

3）主人公はプロのピアニストになるために、（　　　　　）練習を続けました。

① ハマって　② 興味深く　③ 弱って　④ ストイックに

4）主人公はほかの人の気持ちがわかる（　　　　　）力を持っています。

① 真面目な　② 不思議な　③ 厳しい　④ 必死な

STEP 2

Ⅰ. 自分のことを書きましょう。

あなたが好きな映画・アニメ・ドラマは何ですか。どんなストーリーですか。

どんなキャラクターが登場しますか。好きなところはどんなところですか。

名前（タイトル）	ストーリー	登場人物（キャラクター）	好きなところ
例）ワンピース	海賊が活躍する	ゾロ（剣士）	三本の刀を使うところ

＋α　特に好きな場面（シーン）はどんなところですか。

Ⅱ. 「好きな映画・アニメ・ドラマ」について、モデル文を参考に 350 字程度で書きましょう。

作文用紙 DL

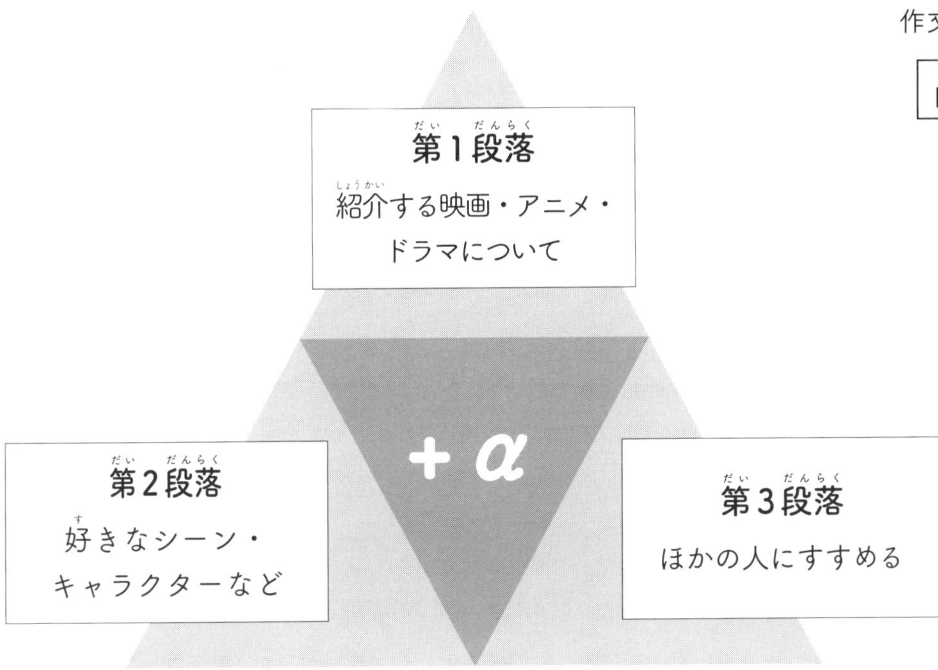

STEP 3

チェックしましょう。
1～5に○をつけてください。

できなかった　できた　よくできた
1　2　3　4　5

① 好きな映画・アニメ・ドラマやキャラクターについて具体的にくわしく書くことができた。　1　2　3　4　5

I was able to write in detail about my favorite movie, anime, TV show, and character.

② 好きな映画・アニメ・ドラマやキャラクターについて新しい表現を使って書くことができた。　1　2　3　4　5

I was able to use new expressions to write about my favorite movie, anime, TV show, and character.

**！ 時間があったら、作文を読み合ったり、発表したりしてみましょう。
ほかの人の作文のいいところ、おもしろいところ、質問などを書いてみましょう。**

Challenge! ④

友だちの翔太さんからメッセージが届きました。

メッセージ

翔太

ひさしぶり。元気？
実は来月、ネパールへ旅行に行くんだ。ぼくはお寺とか古い建物を見るのが好きだから、カトマンズでもいろいろな古い建物を見たいと思ってるんだけど、おすすめはどこ？　それから、ネパールへ行くのは２回目だから、ガイドブックに載っていないようなところにも行きたいと思うんだけど、いいところ教えてくれない？

翔太くん、ひさしぶり。
カトマンズに行くんだね。それなら、ぜひナガルコットに行ってみて。ナガルコットから見るヒマラヤの景色は本当にすばらしいよ！　カトマンズからバスかタクシーで1時間半ぐらいだから日帰りでも楽しめるよ。
それから、古い建物ならチャング・ナラヤン寺院がおすすめ。世界遺産にもなっていて、ネパールで一番古いヒンドゥー教の寺院なんだ。ナガルコットから近いから、農村の生活でも見ながらのんびり歩いて行くといいよ。
来月だと、ネパールはまだ暑いと思うけど、楽しんできて！

メッセージに返信してみましょう。

おすすめの場所を教えてあげましょう。

メッセージ

翔太

ひさしぶり。元気？
実は来月、（あなたの国・町）へ旅行に行くんだ。ぼくはお寺とか古い建物を見るのが好きだから、（あなたの国・町）でもいろいろな古い建物を見たいと思ってるんだけど、おすすめはどこ？　それから、（あなたの国・町）へ行くのは2回目だから、ガイドブックに載っていないようなところにも行きたいと思うんだけど、いいところ教えてくれない？

どんな返事を書いたか、ほかの人と話してみましょう。

13課　悩み相談

Can-do

□ 悩み相談を読んで、内容と書き手の気持ちを理解し、適切なアドバイスを書くことができる。

Can read about someone discussing their problems, understand how the person who wrote it feels, and write appropriate advice.

STEP 1

I. 次のような経験がありますか。そのときどうしましたか。

a

b

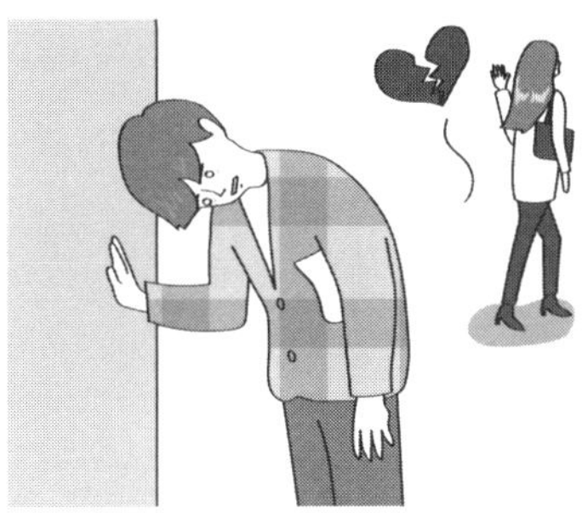

c

d

e

f

Ⅱ. モデル文を読みましょう。

ホア（ベトナム出身、大学生）　相談者

L13-1

私は、今、就職のことで悩んでいます。来年、大学を卒業するのですが、その後、日本で就職するか、それとも国へ帰るか迷っています。せっかく日本に来たのだから、日本の会社で働いてみたいです。でも、父が「大学を出たら、帰って来て、こっちで就職して、早く結婚しろ」と言うのです。ベトナムにも日系企業があるし、やはり国へ帰って仕事を探したほうがいいかなと思い始めています。どうするのがいいのでしょうか。

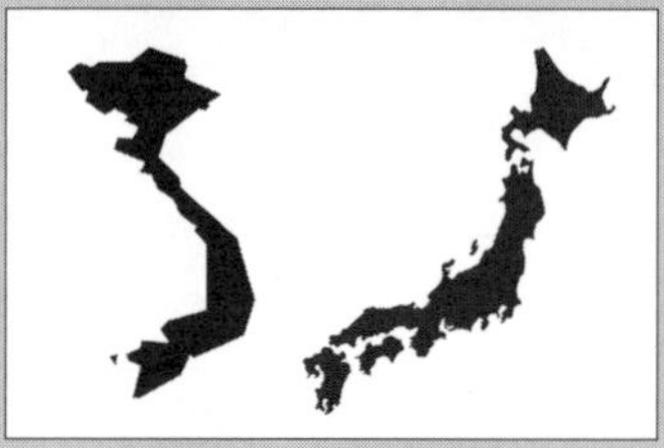

□就職（する）　□悩む　□迷う　□せっかく　□日系企業

1

パク（韓国出身、主婦）　回答者

L13-2

今、日本にいるのだから、日本で就職したいという気持ちもわかります。でも、私は国へ帰ったほうがいいと思います。

あなたが日本に留学できたのは、ご両親のおかげですね。それなら、やはり親の言うことは聞くべきです。それに日系企業に就職すれば、仕事で日本語を使うし、出張などで日本に行けるチャンスもあるはずです。

まずは、国へ帰って働いて、ご両親を安心させてあげてください。でも、結婚はいい人がいなければ、別に急がなくてもいいと思います。

□留学する　□おかげ　□やはり　□べき　□別に（～なくてもいい）

2

サントス（ネパール出身、会社員）　回答者

L13-3

家族で意見が合わないのは、つらいですね。お父さんの意見も大切ですが、あなたの気持ちも大切だと思います。

私は、日本で働きたいなら、一度働いてみてもいいと思います。将来のことは、だれにもわかりません。後で後悔しないように、今の気持ちを優先したほうがいいのではないでしょうか。

お父さんが早く帰ってきてほしいと言うのは、きっとあなたに会えなくて寂しいからだと思いますよ。たまに国へ帰って元気な姿を見せてあげてください。私も1年に1回は帰るようにしています。そして、今まで以上に電話やメールをするようにしてください。娘が日本で元気にがんばっていることがわかれば、きっとご両親も応援してくれるはずです。

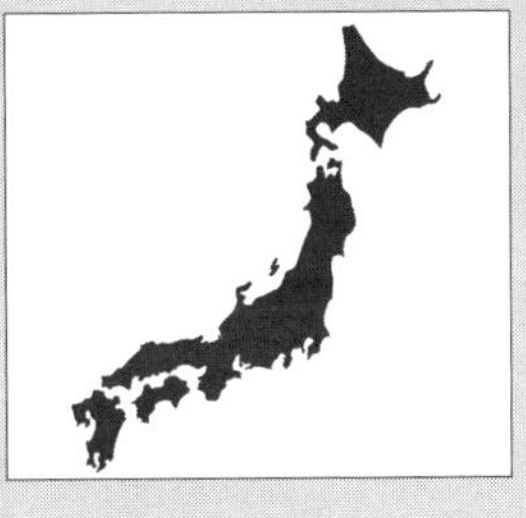

□つらい　□後悔する　□優先する　□姿　□応援する

Point ①

相談を受けたら、まずは相手の悩みに共感を示すことが大切です。それから、自分の考え・アドバイスを伝えるといいです。

When someone comes to you for advice, it's important to first show empathy for their problems. After that, you can share your thoughts and advice.

＜相談＞　夜、なかなか眠れないんです。

→　布団に入っているのに眠れないのは、つらいですね。（**共感**）

寝る前に、温かい牛乳を飲んでみたらどうですか。（**自分の考え・アドバイス**）

昼間、ジョギングとか何か運動をしたほうがいいですよ。（**自分の考え・アドバイス**）

練習　モデル文をもう一度読んで、次の質問に答えましょう。

1）パクさんは、ホアさんがどうしたらいいと思っていますか。また、どうしてそう思っていますか。

2）サントスさんは、ホアさんがどうしたらいいと思っていますか。また、どうしてそう思っていますか。

Point ②

自分の考えを伝えたり、アドバイスをしたりするとき、次のような表現を使います。

When conveying your thoughts or giving advice, use expressions like the following.

・［V た／V ない］ほうがいいです／ほうがいいと思います

・［V る／V ない］のもいいと思います

・［V て］もいいと思います

・［V て］みたらどうですか

練習 1 音声を聞いて、書きましょう。 L13-4

1）私は国へ＿＿＿＿＿＿＿＿ほうがいいと思います。

2）結婚はいい人がいなければ、別に＿＿＿＿＿＿＿＿と思います。

3）私は、日本で働きたいなら、一度＿＿＿＿＿＿＿＿と思います。

4）後で後悔しないように、今の気持ちを＿＿＿＿＿＿＿＿のではないでしょうか。

練習 2 アドバイスの表現を使って、文を作りましょう。

例）寝る前に＿スマホを使わない＿ほうがいいですよ。

1）熱があるなら、＿＿＿＿＿＿＿＿＿＿＿＿＿＿＿＿ほうがいいと思います。

2）調べてもわからなかったら、＿＿＿＿＿＿＿＿＿＿＿＿＿＿＿＿てみたらどうですか。

3）新しいパソコンを買う前に、＿＿＿＿＿＿＿＿＿＿＿＿＿＿＿＿ほうがいいと思います。

4）日本語が上手になりたいなら、＿＿＿＿＿＿＿＿＿＿＿＿＿＿＿＿てみたらどうですか。

5）時間がないときは、＿＿＿＿＿＿＿＿＿＿＿＿＿＿＿＿てもいいと思います。

STEP 2

Ⅰ. マットさんの悩みを読みましょう。どんなアドバイスをしますか。

私は日本語学校の学生です。一年前に日本に来ました。来日したばかりのころは、見るものすべてが新鮮で、毎日楽しくて、日本語の勉強も順調でした。でも、中級に入ってからだんだん勉強が難しくなって、困っています。特に漢字や文法が大変です。テストや宿題のことを考えると、やらなければならないと思うのですが、なかなかやる気が出ません。

友だちに相談すると、「マットさんは話すのが上手だから、大丈夫だよ」と言われます。でも、私は大学に入りたいので、話すだけではなく、もっと読んだり書いたりできるようになりたいのです。皆さんは、やる気が出ないときは、どうしますか。

□来日する　□新鮮　□順調　□やる気が出る　□相談する

＋α　やる気が出なくて困った経験がありますか。

Ⅱ. Ⅰの悩み相談に対するアドバイスを、モデル文を参考に350字程度で書きましょう。

作文用紙 DL

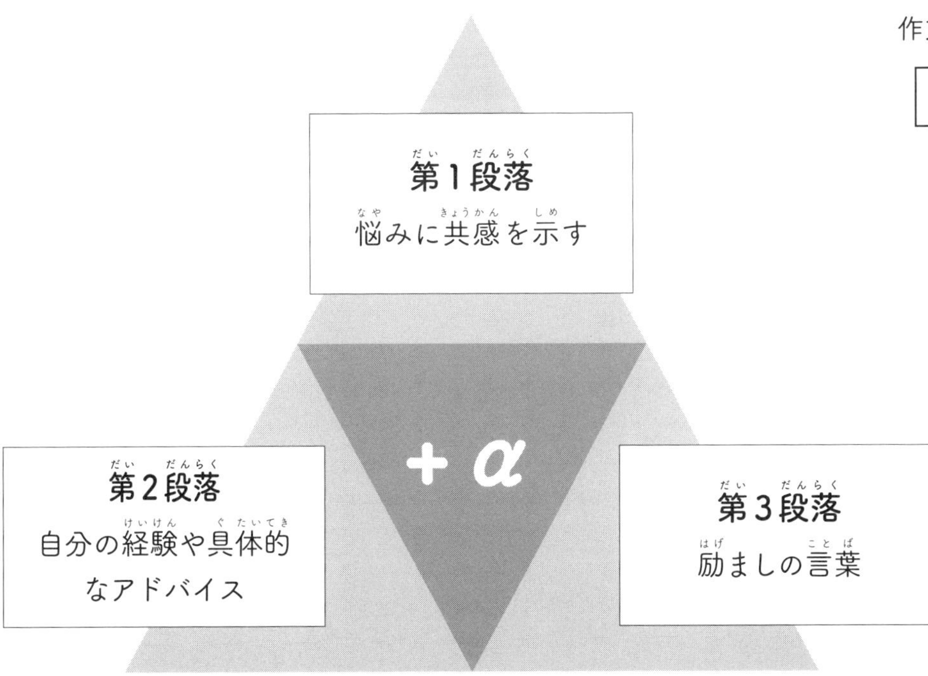

13課

STEP 3

チェックしましょう。
1～5に○をつけてください。

できなかった		できた		よくできた
1	2	3	4	5

① 悩んでいる人の気持ちを理解して、共感することができた。　1　2　3　4　5
I was able to understand and empathize with people who are dealing with problems.

② アドバイスの表現に気をつけて、悩みへの回答を書くことができた。　1　2　3　4　5
I was able to write responses to problems while being mindful of expressions for giving advice.

！ 時間があったら、作文を読み合ったり、発表したりしてみましょう。
ほかの人の作文のいいところ、おもしろいところ、質問などを書いてみましょう。

14課　日本で驚いたこと

Can-do

□ 日本と自国を比較して文化や習慣の違いについて、自分の経験や感想を書くことができる。

Can compare your own country and Japan, and write about your own experiences and thoughts about differences in culture and traditions.

STEP 1

I. 見たことがありますか。どう思いますか。

a

b

c

d

e

Ⅱ．モデル文を読みましょう。

1

マリオ（イタリア出身、シェフ）

L14-1

初めて日本へ来たとき、日曜日に店が開いていて、びっくりした。

私の国イタリアでは、日曜日の町はとても静かだ。ほとんどの店が閉まっている。最近は旅行者のために開いている店も増えてきたが、レストランやスーパーは定休日のところが多い。そのため、土曜日までに買い物を済ませておく必要がある。イタリア人は「日曜日は仕事をせずに家族と一緒に過ごすものだ」と考えているのだ。一方、日本の日曜日はとてもにぎやかだ。なぜなら、日本人は「日曜日は買い物や外食をして楽しむものだ」と考えているからだ。平日は仕事や学校で忙しく、買い物や外食をする余裕がないのだ。

だから、日本では日曜日に家族でレストランへ行く。そのおかげで、私のレストランも日曜日は満席だ。目が回るほど忙しい。せめて日曜日だけでも家族でおいしいイタリア料理を楽しんでもらいたいと思う反面、イタリア人である私は、日曜日は家でゆっくり休みたいと思ってしまうから複雑だ。

□定休日　□済ませる　□一方　□平日　□外食　□余裕がない　□満席　□目が回る　□反面
□複雑

2

サントス（ネパール出身、会社員）

L14-2

日本で就職して、社会人としてのルールやマナーがたくさんあることに驚いた。その中でも特に驚いたのが、タクシーで座る席にもルールがあることだ。初めて上司と出張に出かけたとき、それを知らずに一番奥の席に座ってしまった。上司は、「ネパールではどこに座ってもいいかもしれないけど…」と言って、一番偉い人がその席に座るのだと教えてくれた。特に、お客様と乗るときには気をつけなければいけないそうだ。

私の国でもレストランで食事をするときなど、だれがどの席に座るか気を配る必要がある。しかし、タクシーの座席までは気にしていない。面倒くさいルールだと思ったが、後で同僚からその理由を聞いて納得した。事故が起きたときに、一番安全なのが運転手の後ろの席なのだ。だから、一番偉い人を守るために、そのようにしているらしい。

ほかにもよくわからないルールがあるが、きっとこのようにルールの裏には何か理由が隠されているはずだ。これからはその理由も学んでいこうと思う。

□就職する □マナー □上司 □奥 □偉い □気を配る □座席 □気にする □面倒くさい
□同僚 □納得する □運転手 □裏 □隠されている □学ぶ

Point ①

ビジネス文書やレポート、論文、新聞、小説などは、普通体を使って書きます。日記などの個人的な文章も普通体を使うことが多いです。

Things like business documents, reports, essays, newspapers and novels are written using the plain form. The plain form is often also used in personal writings like diaries.

練習 次の文は、ビジネス文書、新聞、小説、日記のどれですか。

1)（　　　　　　　　）

4月21日（晴れ）

6時起床。

桃山公園まで散歩に行く。

コンビニで牛乳を買う。

2)（　　　　　　　　）

○○○○

1. ・・・・・・・・・・・・・・・・・・・・・・・・

2. 期間：新商品を開発するまでの期間は、2年以内とする。

3)（　　　　　　　　）

○○○○○○○○○○○○○

米ニューヨークで開かれていたG20の財務相・中央銀行総裁会議は、22日（日本時間23日）二日間の日程を終えた。…………

…………

…………

4)（　　　　　　　　）

一

国境の長いトンネルを抜けると雪国であった。夜の底が白くなった。信号所に汽車が止まった。…………

…………

…………

Point ②

前の文の事情や理由を説明するとき、「～のだ」を使います。「～のだ」は「～んです」の普通体です。

The expression ～のだ is used to explain the circumstances or reasons stated in the preceding sentence. ～のだ is the plain form of ～んです.

・［普通形］のだ（※［ナＡ／Ｎ］なのだ）

練習１ 音声を聞いて、書きましょう。　🔊 L14-3

1）イタリア人は「日曜日は仕事をせずに家族と一緒に過ごすものだ」と＿＿＿＿＿＿＿＿のだ。

2）平日は仕事や学校で忙しく、買い物や外食をする＿＿＿＿＿＿＿＿のだ。

3）事故が起きたときに、一番安全なのが運転手の＿＿＿＿＿＿＿＿＿＿＿＿＿＿＿＿。

練習２ 文を普通体に書きかえましょう。

例）今日は、デートの時間に（遅れてしまいました→）遅れてしまった。なかなかバスが（来なかったんです→）来なかったのだ。

1）日本では朝から開いているレストランは（少ないです→）＿＿＿＿＿＿＿＿。朝食は自宅で食べるのが（普通なんです→）＿＿＿＿＿＿＿＿＿＿＿＿。

2）スピーチをするとすぐに顔が真っ赤に（なってしまいます→）＿＿＿＿＿＿＿＿。人前で話をするのが（苦手なんです→）＿＿＿＿＿＿＿＿。

3）テレビを買う大学生が（減っているそうです→）＿＿＿＿＿＿＿＿。テレビを見る代わりにスマホで動画を見る大学生が（増えているんです→）＿＿＿＿＿＿＿＿。

4）明日は絶対に会社を（休むことはできません→）＿＿＿＿＿＿＿＿。大切なプレゼンが（あるんです→）＿＿＿＿＿＿＿＿。

STEP 2

Ⅰ. 自分のことを書きましょう。

日本で驚いたことはどんなことですか。いつ、どこで驚きましたか。

驚いたこと	いつ	どこで	そのほか
例）タクシーの座席のルール	出張のとき	——	上司に注意された

＋α　あなたの国ではどうですか。どんなところが違いますか。

Ⅱ. 「日本で驚いたこと」について、モデル文を参考に 350 字程度で書きましょう。

作文用紙 DL

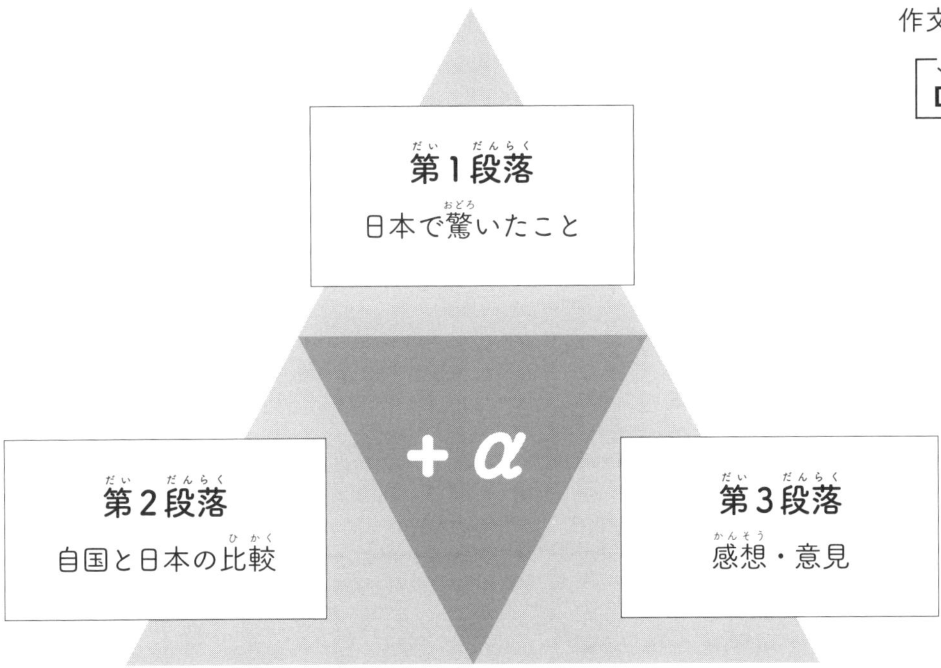

STEP 3

チェックしましょう。
1～5に○をつけてください。

できなかった　　できた　　よくできた
1　2　3　4　5

① 日本で驚いたことなどについて、自分の経験を書くことができた。　1　2　3　4　5
I was able to write about my experiences in Japan that surprised me.

② 日本と自国を比較して、文化や習慣の違いを書くことができた。　1　2　3　4　5
I was able to compare Japan with my own country and write about differences in culture and traditions.

③ 事情や理由を表す表現を使って書くことができた。　1　2　3　4　5
I was able to write using expressions that express circumstances and reasons.

④ 普通体で書くことができた。　1　2　3　4　5
I was able to write using the plain form.

時間があったら、作文を読み合ったり、発表したりしてみましょう。
ほかの人の作文のいいところ、おもしろいところ、質問などを書いてみましょう。

15課　お礼の手紙・メール

Can-do

□ お世話になった目上の人に敬語を交えてお礼の手紙やメールを書くことができる。

Can write thank-you letters and emails using honorific language to someone of higher status that has helped you.

STEP 1

I. 封筒の表と裏に何を書きますか。

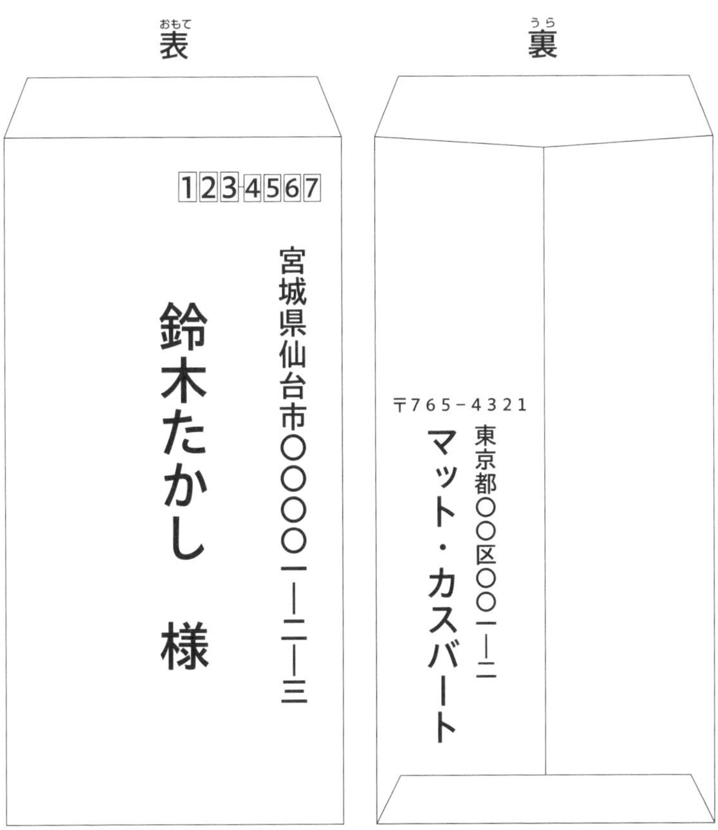

Ⅱ. モデル文を読みましょう。

1

マット（オーストラリア出身、日本語学校の学生）

L15-1

鈴木家の皆様へ

皆様、お元気でいらっしゃいますか。先日のホームステイでは大変お世話になりました。そのおかげで、さまざまな日本の習慣や文化を学ぶことができ、楽しい思い出もたくさん作ることができました。

お宅に伺う前は少し緊張しておりましたが、鈴木家の皆様が温かく迎え入れてくださったおかげで、すぐに慣れることができました。奥様にちらしずしの作り方を教えていただいたり、お子さんたちとひな人形を飾ったり、心に残る貴重な経験をさせていただきました。また、食卓を囲んで乾杯したとき、鈴木さんが「これでマットも鈴木家の一員だ」とおっしゃってくださったことは忘れられません。日本に来てからずっと一人暮らしをしていた私は、思わず涙がこぼれそうになりました。

来週からは日本語学校の新学期が始まります。まだ将来の進路ははっきり決まっておりませんが、ひとまず夏にある試験に向けて一生懸命勉強しようと思います。次に皆様にお会いしたときに、「前より日本語が上手になったね」と言っていただけるよう、がんばります！

マット

□先日　□ホームステイ　□お宅　□緊張する　□迎え入れる　□ちらしずし　□ひな人形
□貴重　□食卓　□囲む　□乾杯する　□一員　□一人暮らし　□思わず　□こぼれる
□新学期　□進路　□ひとまず

2

ホア（ベトナム出身、大学生）

L15-2

佐々木先生

卒業式からもう1か月が経ちますが、先生はお変わりありませんか。私は先週から東京の会社で働き始めました。

佐々木先生には大学２年生のときから３年間、大変お世話になりました。卒論をはじめ実習やゼミでも親切にご指導いただき、ありがとうございました。先生はいつも笑顔で、元気がないときでも先生に会うと明るい気持ちになりました。２年生のとき、私は日本語で書くのが苦手で、先生の授業のレポートを書くのに何日もかかってしまいました。数日後、授業の後、先生に呼び出されたとき、私は叱られると思いました。なぜなら提出したレポートにはたくさん間違いがあったからです。ところが、先生は叱ったりはせず、レポートで良かった部分をほめてくださいました。それから、日本語の文法で間違えやすいポイントについて教えてくださったのです。その日から私は日本語で書くことがこわくなくなりました。

本当に先生がいらっしゃらなければ、こうして無事に卒業できなかったかもしれません。先生のことは一生忘れません。またお会いできる日を楽しみにしております。それまでどうかお元気で。

ホア

□経つ　□卒論　□実習　□ゼミ（ゼミナール）　□指導　□笑顔　□数日後　□呼び出す
□叱る　□無事　□一生

Point ①

目上の人に手紙やメールを書く場合、動詞以外に名詞や副詞も丁寧な言葉を使います。

When writing a letter or email to someone of higher status than you, use polite forms of not only verbs, but also nouns and adverbs.

名詞	みんな	→ 皆様		奥さん	→	奥様
	子ども	→ お子さん		家	→	お宅
副詞	どう	→ いかが		これからも	→	今後とも
	この間	→ 先日		とりあえず	→	ひとまず
	ちょっと	→ 少々		とても	→	大変

練習　下線の言葉を丁寧な言葉に直しましょう。

この間、家に伺わせていただいた際には、とてもお世話になりました。

奥さんにもよろしくお伝えください。

Point ②

お世話になった人に対して感謝の気持ちを表すとき、次のような表現を使います。

When expressing gratitude to someone who has helped you, use expressions like the following.

・〔人〕に〔V て〕いただきました

・〔人〕は／が〔V て〕くださいました

練習 1 音声を聞いて、書きましょう。 L15-3

1）鈴木家の皆様が温かく迎え入れて＿＿＿＿＿＿＿＿おかげで、すぐに慣れることができました。

2）奥様＿＿ちらしずしの作り方を＿＿＿＿＿＿＿＿＿り、お子さんたちとひな人形を飾ったり、心に残る貴重な経験をさせていただきました。

3）先生＿＿叱ったりはせず、レポートで良かった部分を＿＿＿＿＿＿＿＿＿＿＿＿＿＿。

4）それから、日本語の文法で間違えやすいポイントについて＿＿＿＿＿＿＿＿＿＿のです。

練習 2 感謝の気持ちを表す表現を使って、文を書きかえましょう。

例）初めてのプレゼンの前に部長が（アドバイスします→）アドバイスしてくださいました。

1）初めての出勤の日に、課長に社内を（案内する→）＿＿＿＿＿＿＿＿＿＿＿＿＿＿。

2）試験に落ちて落ち込んでいるとき、先生が（励ます→）＿＿＿＿＿＿＿＿＿＿＿＿＿＿。

3）卒業論文は佐藤教授に（指導する→）＿＿＿＿＿＿＿＿＿＿＿＿＿＿。

4）鈴木さんは困っている私に（声をかける→）＿＿＿＿＿＿＿＿＿＿＿＿＿＿。

STEP 2

Ⅰ. 自分のことを書きましょう。

いつ、だれが、どんなことをしてくれましたか。

いつ	だれが	どんなことをしてくれた？
例）ホームステイをしたとき	鈴木さんの奥さん	ちらしずしの作り方を教えてくれた

＋α　そのときどんな気持ちになりましたか。

Ⅱ.「お礼の手紙」を、モデル文を参考に350字程度で書きましょう。

作文用紙 DL

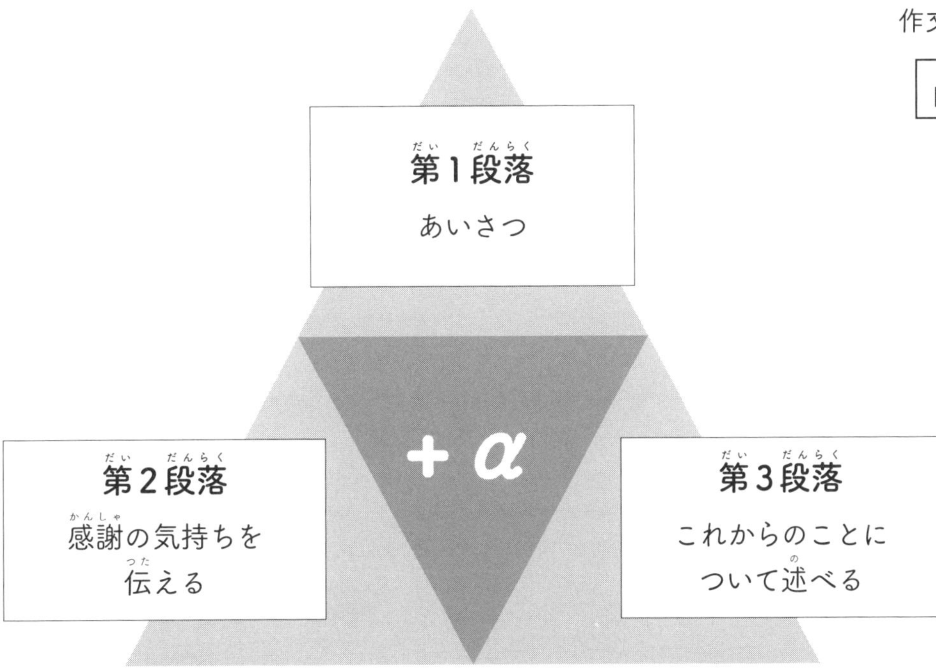

STEP 3

チェックしましょう。
1～5に○をつけてください。

できなかった 1 2 できた 3 4 よくできた 5

① お世話になった人に、感謝(かんしゃ)の気持(きも)ちを伝(つた)える手紙・メールを書くことができた。 1 2 3 4 5

I was able to write letters or emails expressing gratitude to people who have helped me.

② 丁寧(ていねい)な言葉(ことば)を使って書くことができた。 1 2 3 4 5

I was able to write using polite language.

③ 感謝(かんしゃ)の気持(きも)ちを表(あらわ)す表現(ひょうげん)を使って書くことができた。 1 2 3 4 5

I was able to use expressions that express feelings of gratitude.

！ 時間があったら、作文を読み合(あ)ったり、発表(はっぴょう)したりしてみましょう。
ほかの人の作文のいいところ、おもしろいところ、質問などを書いてみましょう。

Challenge! ⑤

マットさんは、日本で見て驚いたものについて、
SNS に投稿しました。

マット

日本の自動販売機はすごい！
これは、家の近くにある自動販売機。たくさんありすぎて、今日もどれにしようか迷っちゃった。飲み物だけじゃなくて、アイスクリームの自動販売機もあるし、ぼくの学校にはパンの自動販売機もあるよ。
まだ見たことはないけど、花やケーキや傘の自動販売機もあるんだって！
日本の自動販売機、便利すぎて、こわい…。
＃自動販売機　＃クールジャパン

Santos　1時間前
日本の自動販売機は、すごく便利。ぼくの国にもほしい！

tsuribaka　2時間前
ラーメンの自販機もあるよ〜。

SNS に投稿してみましょう。
できれば写真も準備しましょう。

日本で初めて見たものや、見て驚いたものは何ですか。

#クールジャパン #Japan

実際に投稿や
コメントを
してみよう!

学習内容一覧

課	作文トピック	Can-do
1	食事	毎日の食事や食生活について、知っている言葉を使って説明することができる。
2	健康	自分の生活習慣や健康について、くり返しを避けて書くことができる。
3	○年後の自分	現在と未来の自分の状況を述べ、その未来に向けて今からできることを書くことができる。
4	休みの日の思い出	夏休みなど長い休みの期間に自分が経験したことを、感想を交えて書くことができる。
5	もし動物になるなら	どんな動物になりたいか想像し、その動物の特徴とその動物になりたい理由、その動物になってしてみたいことを書くことができる。
6	苦手なもの・こと	自分の苦手なものや苦手なことについて、理由を述べて書くことができる。
7	仕事	仕事やアルバイトの内容をわかりやすく説明し、それについて感想を書くことができる。
8	料理のレシピ	自分がよく知っている簡単な料理のレシピを書くことができる。
9	自分の名前	自分の名前の意味や由来などについて書くことができる。
10	尊敬する人	自分が尊敬する人について説明し、見習いたい点について書くことができる。
11	おすすめ	自分の気に入っているものについて説明し、それを身近な人にすすめる文を書くことができる。
12	好きな映画・アニメ・ドラマ	知らない人にもわかるように、好きな映画・アニメ・ドラマについて印象に残った点を書くことができる。
13	悩み相談	悩み相談を読んで、内容と書き手の気持ちを理解し、適切なアドバイスを書くことができる。
14	日本で驚いたこと	日本と自国を比較して文化や習慣の違いについて、自分の経験や感想を書くことができる。
15	お礼の手紙・メール	お世話になった目上の人に敬語を交えてお礼の手紙やメールを書くことができる。

CEFR：文化庁「日本語教育の参照枠」／JF：JF 日本語教育スタンダード
この本の到達目標を決める際に参照した Can-do「CEFR137 (B1) 書くこと：総合的な書く活動／CEFR395 (B1) 言語構造的能力：使用語彙領域／CEFR423 (B1) 言語構造的能力：正書法の把握」

Point ①	Point ② 表現・文型	参照
一文を短く	・～ことがあります／こともあります	CEFR087 (A2) 話すこと（発表）：総合的な口頭発表／CEFR103 (A2.2) 話すこと（発表）：長く一人で話す（経験談）／JF537 (B1) 受容：情報や要点を読み取る／JF553 (B1) やりとり：情報を交換する
文脈指示（こ・そ・あ）	・～ようにしています ・～ようにします／ようにしたいです／たいと思います／ようと思っています	CEFR103 (A2.2) 話すこと（発表）：長く一人で話す（経験談）／JF015 (A2) 産出：経験や物語を語る
省略	・～ために／ように、～つもりです／ようと思います／たいです	CEFR098 (B1) 話すこと（発表）：長く一人で話す（経験談）／JF239 (B1) 産出：経験や物語を語る
5W 1H	・～て／で／ので、～が、～ ・～が、～て／で／ので、～	CEFR095 (B1) 話すこと（発表）：長く一人で話す（経験談）／CEFR146 (B1) 書くこと：創作／CEFR147 (B1) 書くこと：創作／CEFR150 (A2.2) 書くこと：創作
仮定	・～のように／みたいに～	CEFR099 (B1) 話すこと（発表）：長く一人で話す（経験談）／CEFR162 (B1.2) 書くこと：レポートやエッセイ
理由	・～から／ので、～てほしいです	CEFR087 (A2) 話すこと（発表）：総合的な口頭発表／CEFR105 (A2.2) 話すこと（発表）：長く一人で話す（経験談）／CEFR164 (B1.1) 書くこと：レポートやエッセイ
感想	表現を増やす	CEFR101 (A2.2) 話すこと（発表）：長く一人で話す（経験談）／CEFR149 (A2.2) 書くこと：創作
手順	自動詞・他動詞	JF008 (B1) 産出：経験や物語を語る／JF065 (B1) 産出：作文を書く／JF275 (B1) やりとり：共同作業中にやりとりをする／JF588 (B1) 受容：情報や要点を読み取る
接続詞	・～によると／によれば／では、～そうです	CEFR138 (A2) 書くこと：総合的な書く活動／JF458 (A2) 産出：経験や物語を語る
時系列に並べる	・私も～のように～たいです／ようと思います	CEFR098 (B1) 話すこと（発表）：長く一人で話す（経験談）／JF590 (B1) 受容：情報や要点を読み取る
比較	・AはBより～／AのほうがBより～／BよりAのほうが～／AはBに比べて～／Aと同じくらいBも～／AはBと違って～ ・～の中で（も）Aが一番～／Aほど～はない	CEFR104 (A2.2) 話すこと（発表）：長く一人で話す（経験談）／JF558 (B1) 産出：経験や物語を語る
具体的に書く	表現を増やす	CEFR149 (A2.2) 書くこと：創作／JF241 (B1) やりとり：インフォーマルな場面でやりとりをする／JF555 (B1) 産出：経験や物語を語る
共感・アドバイス	・～ほうがいいです／ほうがいいと思います／のもいいと思います／てもいいと思います／てみたらどうですか	JF535 (B1) 受容：手紙やメールを読む／JF540 (B1) 受容：情報や要点を読み取る／JF565 (B1) 産出：作文を書く
文体（普通体）	・～のだ	CEFR146 (B1) 書くこと：創作／JF010 (B1) 産出：経験や物語を語る／JF066 (B1) 産出：作文を書く／JF589 (B1) 受容：情報や要点を読み取る
敬語表現	・～に～ていただきました ・～は／が～てくださいました	CEFR312 (B1.1) 書くこと：通信／JF122(B1)受容：手紙やメールを読む／JF439 (B1) やりとり：手紙やメールのやりとりをする

【著者紹介】

学校法人 日本コンピュータ学園
仙台国際日本語学校（せんだいこくさいにほんごがっこう）
Sendai International School of Japanese

堀 和歌子（ほり わかこ）
笹川 悠夏（ささかわ ゆか）
大川 弘文（おおかわ ひろふみ）
出蔵 咲野（でぐら さきの）
坪内 二葉（つぼうち ふたば）

遠藤 和彦（えんどう かずひこ） 早稲田進学館 中野校
瀬戸 稔彦（せと としひこ） 大崎市市民協働推進部政策課日本語学校推進室

身近なテーマで伝える！
にほんご作文トレーニング［初中級（A2-B1）］

2024年7月25日　第1刷発行

著者	仙台国際日本語学校・遠藤 和彦・瀬戸 稔彦
発行人	岡野 秀夫
発行所	株式会社くろしお出版 〒102-0084　東京都千代田区二番町4-3 Tel: 03-6261-2867　Fax: 03-6261-2879 URL: www.9640.jp　Email: kurosio@9640.jp
イラスト	畠中 美幸／イラストAC
翻訳	Malcolm Hendricks
装丁デザイン	長尾 和美（株式会社アンパサンド）
本文デザイン・DTP	朝日メディアインターナショナル株式会社
印刷・製本	シナノ書籍印刷株式会社

ISBN 978-4-87424-982-6 C0081

Convey Your Ideas With Familiar Themes!

Japanese Composition Training: Beginner to Intermediate Level

身近なテーマで伝える！

にほんご作文トレーニング

初中級（A2-B1）

仙台国際日本語学校・遠藤和彦・瀬戸稔彦 著

別冊

練習問題の答え

くろしお出版

1課　食事

Point ①　練習

解答例

1）毎朝、パンと卵を食べます。サラダやヨーグルトも食べます。

2）休みの日のお昼は、ラーメンを食べます。ラーメンは父が作ってくれます。

Point ②　練習1　L1_4

1）たいてい

2）たまに／行く

3）たまに／ことがあります

4）よく

Point ②　練習2

解答例

1）朝ご飯のとき、たいていコーヒーを飲みますが、たまに牛乳を飲むこともあります。

2）昼ご飯は、いつも学校の食堂で友だちと食べますが、ときどき一人で食べることもあります。

3）夜は、たいてい自分で作りますが、忙しいときは、コンビニでお弁当を買うこともあります。

2課　健康

Point ①　練習

解答例

1）ファストフードやラーメンを食べないようにしています。

2）料理を作るのが面倒なとき、お惣菜を買ってきます。

3）寝不足のとき、栄養ドリンクを飲みます。

Point ②　練習1　L2_4

1）早く寝る

2）食べるように

3）吸わないようにしています

Point ②　練習2

1）食べないようにしています

2）作るようにしています

3）ジョギングするようにします・ジョギングするようにしたいです・ジョギングしようと思っています

4）入れないようにします・入れないようにしたいです

3課　〇年後の自分

Point ①　練習

1）私と新しい友だち・筆者と彼

2）新しい友だち・彼

3）映画・見た映画

Point ②　練習1　🔊 L3_4

1）広げる

2）入れる／つもりです

3）新しい家族の／貯金しておこう

Point ②　練習2

解答例

1）家族の・学費を払うために、働いています。

2）次の日本語の試験に合格できるように、一生懸命勉強しています。

3）年を取ってから困らないように、今から貯金するつもりです。

4）将来のために、英語をもっと勉強しようと思います。

4課　休みの日の思い出

Point ①　練習

解答例

今週の月曜日は休みだったので、友だちと電車で東京スカイツリーに行きました。

Point ②　練習1　🔊 L4_4

1）いて／が

2）が／もらえて

3）取りましたが／店長だから

Point ②　練習2

1）食べてしまいました

2）初めてだった／緊張しました

3）が／ので

4）が／ので

5）ので／が

5課　もし動物になるなら

Point ①　練習

解答例

もし宇宙人に会えたら、一緒に写真を撮りたいです。

Point ②　練習1　🔊 L5_4

1）のように

2）のように

3）みたいに

Point ②　練習2

解答例

1）ライオン・トラのように強くなりたいです。

2）魚・クジラみたいに海の中を自由に泳いでみたいです。

3）コアラのように一日中木の上で寝ていたいです。

4）ねこみたいに自由に生活したいです。

6課　苦手なもの・こと

Point ①　練習

解答例

1）車やバスに乗ると、気分が悪くなるからです。

2）遅れて来たり、開始時間ギリギリに来る人もいるからです。

3）虫もたくさんいるし、服も汚れるからです。

Point ②　練習1　L6_4

1）悪い／ほしい

2）来る人もいる／来て

3）聞いてほしい

Point ②　練習2

解答例

1）歩道に自転車をとめるのは迷惑なので、やめてほしいです。

2）隣の部屋がうるさくて勉強できないから、静かにしてほしいです。

3）寒い冬が苦手なので、早く春になってほしいです。

4）歩きスマホは危ないので、やめてほしいです。

7課　仕事

Point ①　練習

解答例

1）みんな熱心だと思っています。

2）朝起きるのが大変だと思っています。

3）カラオケの料金が半額になるサービスがいいと思っています。

Point ②　練習1　L7_4

1）やりがいがある

2）気に入っています

3）苦労します

Point ②　練習2

1）やりがいを感じます

2）きついです

3）いい経験になります

4）ありがたいです

8課　料理のレシピ

Point ①　練習

1）トマトを薄く切って、お皿に並べます。

2）トマトを薄く切り、お皿に並べます。

Point ②　練習1　L8_4

1）わかします

2）わいたら

3）なったら

4）します

Point ② 練習2

1）わかします／わい

2）煮ます／煮え

3）焼きます／焼けます

9課 自分の名前

Point ① 練習

1）それで

2）また

3）でも

4）なぜなら

Point ② 練習1 L9_3

1）した

2）決めたそう

3）この漢字にしたそう

Point ② 練習2

1）決めてくれたそうです

2）選んだそうです

3）考えていたそうです

4）込められているそうです

10課 尊敬する人

Point ① 練習

（②）→（⑤）→（④）→（①）→（③）

Point ② 練習1 L10_4

1）なりたいです

2）彼の／過ごし／チャレンジしよう

3）のように／やってみたいです

Point ② 練習2

1）発明し

2）なり

3）助け

4）行動しよう

5）続けよう

11課 おすすめ

Point ① 練習

1）鯛焼きは魚の形をしています。そして、温かいです。

2）ラジオとスマホやテレビや映画を比較しています。

Point ② 練習1 L11_3

1）一番

2）ほうが／よりもっと

3）ほど／はない

4）と同じくらい

Point ② 練習2

解答例

1）日本で食べたものの中で、ラーメンが一番好きです。

2）朝の公園は昼間よりかなり静かで気持ちがいいです。

3）ウォーキングはジョギングに比べて、少し楽です・始めやすいです。

4）映画と同じくらい読書も好きです。

5）日本のアニメほどおもしろいものはありません。

12課 好きな映画・アニメ・ドラマ

Point ① 練習

解答例

1）迷子になったメイを姉のサツキがネコバスに乗って迎えに行く場面です。

2）いつも自分に厳しく、強くなるために少しでも時間があればトレーニングを積んでいるストイックなところです。

Point ② 練習1　L12_3

1）感動的な

2）必死で

3）グッときます

4）個性的／深くて

Point ② 練習2

1）③ 奥が深い

2）③ グッときて

3）④ ストイックに

4）② 不思議な

13課 悩み相談

Point ① 練習

解答例

1）国へ帰ったほうがいいと思っています。留学させてくれた両親の言うことは聞くべきだと思うからです。

2）国へ帰らなくてもいいと思っています。後で後悔しないように、今の気持ちを優先したほうがいいと思うからです。

Point ② 練習1　L13_4

1）帰った

2）急がなくてもいい

3）働いてみてもいい

4）優先したほうがいい

Point ② 練習2

解答例

1）熱があるなら、会社は休んだ・無理はしないほうがいいと思います。

2）調べてもわからなかったら、先輩に聞いてみたらどうですか。

3）新しいパソコンを買う前に、店でいろいろなパソコンを見たほうがいいと思います。

4）日本語が上手になりたいなら、日本語でブログを書いてみたらどうですか。

5）時間がないときは、全部やらなくてもいいと思います。

14課 日本で驚いたこと

Point ①　練習

1）日記

2）ビジネス文書

3）新聞

4）小説

Point ②　練習1　L14_3

1）考えている

2）余裕がない

3）後ろの席なのだ

Point ②　練習2

1）少ない／普通なのだ

2）なってしまう／苦手なのだ

3）減っているそうだ／増えているのだ

4）休むことはできない／あるのだ

15課 お礼の手紙・メール

Point ①　練習

先日、お宅に伺わせていただいた際には、大変お世話になりました。
奥様にもよろしくお伝えください。

Point ②　練習1　L15_3

1）くださった

2）に／教えていただいた

3）は／ほめてくださいました

4）教えてくださった

Point ②　練習2

1）案内していただきました

2）励ましてくださいました

3）指導していただきました

4）声をかけてくださいました